CW00519700

CÓMO MANTENER LA CALMA EN MOMENTOS DIFÍCILES

Entrena a tu Cuerpo y Mente a Reaccionar
Correctamente ante Situaciones de Alto Estrés y
Ansiedad

ALEX FISCHER

Índice

Introducción

Podría ser un padre que cuida a sus hijos. Tal vez esté recién embarazada o esté sumida en un divorcio complejo. Quizás te acabas de graduar de la universidad y te estás preguntando cómo vas a pagar tu deuda estudiantil. Cualquier acontecimiento importante de la vida puede desencadenar ansiedad, pesadez en el pecho, pensamientos acelerados y otros síntomas de estrés. El dinero, los cambios importantes y los problemas complejos pueden ser fuentes de estrés crónico y ansiedad.

Si siente que este es usted, entonces ha venido al lugar correcto.

En este libro, le proporcionará todas las herramientas que necesita para manejar el estrés, independientemente de su situación de vida. Este libro repasará los conceptos básicos del manejo del estrés, traduciendo la información psicológica en una guía paso a paso fácil que puede seguir para controlar sus propios síntomas de estrés y ansiedad. Al final de este libro, sabrá exactamente qué causa su estrés y qué pasos debe tomar para superarlo. Los ejercicios de este libro están aquí para comenzar, pero todas las estrategias están diseñadas para ayudarlo a manejar el estrés y la ansiedad de manera sostenible.

He ayudado a pacientes a superar su ansiedad durante años. Durante mi tiempo como profesional, he ayudado a transformar la vida de cientos de pacientes.

Mi experiencia al hablar con personas de todos los ámbitos de la vida, que luchan por dejar de pensar demasiado en las cosas y controlar su ansiedad, me ha dado una comprensión profunda de la mejor manera de ayudar a las personas a lidiar con estos problemas a diario.

Con el tiempo, he desarrollado una comprensión de lo que funciona y lo que no.

Sobre la base de estas observaciones de personas reales, he visto cómo estas estrategias han impactado sus vidas y qué estrategias parecen funcionar con más frecuencia que otras. Pero estas técnicas no son solo para el uso de mis pacientes, también las he enseñado a mi familia, a mis amigos y todavía utilizo muchas.

Puedo decirte por mi propia experiencia vivida que este libro mejorará tu bienestar y el bienestar de todos los que te rodean.

Una vez que lea detenidamente las técnicas de manejo del estrés en este libro y las aplique a su vida diaria, comenzará a ver algunos cambios dramáticos. Te sentirás más relajado en situaciones estresantes y más seguro frente a cosas que alguna vez te asustaron. La pesadez en tu pecho y las ansiedades que te atormentan dejarán de molestarte. Podrá pensar con claridad sobre la situación actual y dejar de pensar demasiado.

Mucha gente me ha agradecido el impacto positivo que mi formación ha tenido en sus vidas. Estas técnicas han ayudado a las personas a reducir su ansiedad de inmediato y también las han equipado con las herramientas de manejo del estrés que necesitan para mantener bajos sus niveles de ansiedad a largo plazo.

El éxito continuo de este programa de capacitación me ayudó a inspirarme a escribir este libro, y ahora puedo presentarles la misma guía que les he dado a tantos pacientes.

Este libro le proporcionará un programa diario que es simple y fácil de seguir para cualquiera. También le proporcionará los conocimientos que necesita para conectarse y comprender las técnicas enumeradas. El manejo de la ansiedad y el estrés no tiene por qué ser difícil o complejo De hecho, muchas de las técnicas que describo en este libro son tan simples que suenan ridículos a mucha gente cuando se los sugiero por primera vez. Pero una vez que haga que estas técnicas formen parte de su vida diaria, comenzará a ver cuán efectivas son realmente.

Con mi ayuda y experiencia, saldrá de este libro completamente equipado con las habilidades, técnicas y conocimientos que necesita para eliminar el estrés y la ansiedad. También podrá controlar sus niveles de estrés en el futuro, para que nunca vuelvan a subir a un nivel debilitante. Mi esperanza es que tenga todo el apoyo que necesita para recuperar el control de su propio bienestar mental, armado con todas las herramientas que necesita para mejorar su vida.

Los viejos hábitos tardan en morir. Es un cliché, pero es cierto, y especialmente cuando se trata de nuestra salud y bienestar. Otro cliché verdadero: los cerebros humanos son como esponjas, ya que absorben constantemente información y estímulos del mundo que nos rodea. Con el tiempo, fragmentos de información se hunden profundamente en nuestro subconsciente, donde forman nuestras actitudes, creencias y hábitos. Cuanto más tiempo pasan sin que se desafíen estas actitudes y hábitos, más fijos se vuelven en nuestra mente y más difícil es cambiarlos. Esta es una gran noticia si nuestras actitudes y hábitos son beneficiosos, pero se convierte en una mala noticia si permitimos que actitudes o hábitos dañinos entren en nuestra rutina diaria. Sin embargo, el hecho de que algo sea difícil de cambiar no significa que sea imposible de cambiar. Los patrones mentales que conducen al estrés y la ansiedad son hábitos psicológicos, que debes romper si quieres disfrutar de los momentos valiosos y significativos de tu vida. Dependiendo de cuán severa sea su ansiedad y cuánto tiempo haya luchado con ella, superar estos hábitos mentales puede ser más difícil de lo que usted espera. Pero pase lo que pase, cuanto antes empiece a aplicar estas técnicas de manejo del estrés en su vida, más fácil será para usted superarlas.

Y no importa lo difícil que sea aplicar estas técnicas, es posible que todos, en cualquier nivel de estrés, puedan vencer con éxito su ansiedad.

La guía que está a punto de leer se ha probado una y otra vez para ayudar con éxito a las personas a superar su estrés, en cualquier profesión y en cualquier situación social. Cada capítulo de este libro le proporcionará pasos prácticos y prácticos que puede tomar para aplicar la investigación y la información psicológica a su vida diaria. Estos pasos de acción, con el tiempo, comenzarán a reemplazar sus viejos hábitos y comportamientos mentales. Cuanto más de cerca sigas las técnicas que se describen en este libro, menos pensarás en ellas. Con el tiempo, ellos también se convertirán en hábitos, pero que, en cambio, lo preparan para la confianza y el éxito, en lugar de estrés, miedo o ansiedad.

Manejo del estrés: conceptos básicos

AUNQUE EL ESTRÉS puede causar estragos en su vida, una estrategia de manejo del estrés puede parecer abrumadora por derecho propio.

Casi siempre, cuando recomiendo por primera vez el manejo del estrés a las personas, su primera respuesta es que no tienen tiempo, están demasiado ocupados, es demasiado trabajo o, lo más común de todo, que ya han probado el manejo del estrés. y no funcionó.

Pero ninguna de estas cosas es verdad. Al menos, no si no quieres que lo sean. Si siente que no tiene tiempo o está demasiado ocupado para manejar su estrés, no se preocupe. Está bien ir despacio e irse al ritmo que mejor se adapte a sus necesidades. No hay fechas límite para el manejo del estrés. Si solo tiene 10 minutos al día de sobra, está bien. Si solo tiene 10 minutos a la semana de sobra, también está bien. Lo único importante es mantenerse comprometido y tener un horario regular. No se diga a sí mismo que lo hará "cuando tenga tiempo". Si haces eso, nunca lo conseguirás y te rendirás antes de que realmente hayas comenzado.

El manejo del estrés es una habilidad y, como todas las habilidades, se necesita tiempo y práctica para aprender. No puede dominarlo de la noche a la mañana, no importa cuánto lo intente. Así que también podrías ir despacio. Abrumarse a sí mismo en realidad aumentará su estrés, lo contrario de lo que se supone que debe hacer el manejo del estrés. Para obtener resultados ideales, 15 minutos al día es el tiempo recomendado para dedicarse a una técnica de manejo del estrés diario.

Esto puede parecer mucho tiempo, pero esos 15 minutos pueden suceder durante una pausa para el café, la hora del almuerzo, el momento en que llega a casa del trabajo o durante su viaje matutino.

Si se resiste a emprender un nuevo proyecto o siente que el manejo del estrés es simplemente demasiado trabajo, recuerde que no existe una manera correcta de manejar su estrés. Los factores estresantes de cada persona son únicos y la idea de relajación de cada persona es diferente. Una playa en el Caribe puede sonar como el paraíso para usted, pero puede sonar como el infierno para otra persona. No tenga miedo de abandonar o modificar una técnica de manejo del estrés si no le funciona. Pero recuerde, puede pasar un tiempo antes de que muchas de estas técnicas comienzan a dar resultados. Si comienza a temer los 15 minutos designados de edición diaria, intente experimentar con diferentes formas de meditación, o incluso pasar a una técnica diferente por completo.

Dicho esto, intente mantener la mente abierta y pruebe cosas nuevas. Algunas de estas técnicas de reducción del estrés pueden resultar un poco extrañas o cómodas al principio. Algunos pueden resultar familiares, mientras que otros pueden ser completamente nuevos.

Con la creciente cantidad de estrés en el mundo, es posible que diferentes técnicas de manejo de reses hayan ganado una atención generalizada. Esto es algo bueno y bueno. Por ejemplo, es posible que haya oído hablar de ejercicios de respiración antes, o incluso que haya probado algunos de ellos. Pero el contexto en el que estaba ingresando a este concepto a veces puede afectar la forma en que lo piensa. Trate de tener una mente abierta y pruebe estas técnicas honestamente antes de descartarlas. Es posible que se sorprenda de lo que comienza a funcionar para usted una vez que encuentre la manera de incorporarlo cómodamente en su rutina diaria.

La mayoría de los métodos y técnicas requieren práctica antes de hacerlos completamente bien. Aborde el manejo del estrés de la misma manera que lo haría para aprender a andar en bicicleta o conducir un automóvil. No lo harás perfectamente la primera vez. O el segundo. O incluso el tercero. Aunque el manejo del estrés puede parecer una acti vidad intelectual, no basta con leer sobre él. Cualquiera puede entender cómo conducir un automóvil a partir de una simple explicación. Pero ponerse al volante es un tipo de aprendizaje diferente.

Cuando prueba una técnica de manejo del estrés, se pone al volante, por así decirlo. Así que tenga paciencia, sea abierto y, finalmente, obtendrá un estilo y un ritmo que le resulten cómodos.

Es muy importante practicar técnicas de manejo del estrés en un lugar tranquilo. No espere hasta encontrarse en una situación estresante para aplicar estas tácticas. Piense en ello como aprender a tocar un instrumento. Tienes que practicar todos los días, para que cuando llegue el día del concierto, ya sepas qué hacer. El manejo del estrés mantiene sus niveles de estrés bajos todo el tiempo, de modo que cuando se enfrente a una situación estresante, pueda mantener la calma y la confianza. Sin embargo, un lugar tranquilo puede ser difícil de encontrar si lleva una vida agitada y ocupada, por lo que es posible que deba conformarse con lugares que sean menos atractivos. Si tiene su propia oficina, es un gran lugar para practicar sin ser molestado. Si tiene su propio dormitorio, esa es otra buena opción. Donde quiera que elija, trate de encontrar un espacio que sea relativamente privado, donde nadie lo moleste.

.   .   .

¡No sienta la necesidad de embarcarse en este viaje solo!

Si alguien más en tu vida también está lidiando con el estrés y la ansiedad, pregúntale si quiere practicar contigo. Muchas rutinas de cuidado personal, como perder peso o ir al gimnasio, son mucho más efectivas cuando tienes a otra persona con quien hacerlo. El manejo del estrés es el mismo. No te sentirás tan solo o cohibido si tienes a alguien más con quien practicar. y es mucho más probable que se mantenga comprometido si tiene un amigo que lo anime.

Sobre todo, no espere resultados de la noche a la mañana. El estrés que está experimentando tardó años y años en desarrollarse, por lo que puede llevar el mismo tiempo superarlo por completo. Sin embargo, eso no tiene la intención de asustarlo o desanimarlo. El manejo del estrés no tiene por qué ser un proceso invasivo o difícil, pero pase lo que pase, será lento. No se impaciente consigo mismo y no se apresure a renunciar a algo que no está dando los resultados que desea. Vaya despacio, con calma y no sea demasiado duro consigo mismo.

Cómo medir su estrés

¿Cómo se puede medir un sentimiento?

Por suerte para los médicos y psicólogos, el estrés no es solo algo que uno siente. También afecta sus comportamientos y su bienestar físico. Para los médicos, los niveles de estrés se pueden rastrear fácilmente al observar marcadores físicos, que incluyen pruebas de sangre, orina e incluso saliva que miden los niveles de hormonas. Pero el estrés también se puede medir desde una perspectiva psicológica. Algunos métodos, como la observación y las entrevistas, son realizados por profesionales. Pero hay una serie de estrategias sencillas que puede emplear para medir sus niveles de estrés por su cuenta. El siguiente proceso de 3 pasos es muy simple y le ayudará a controlar sus propios niveles de estrés. Le ayudará a ser más consciente de cómo le afecta el estrés y le ayudará a realizar un seguimiento de su progreso a medida que empiece a emplear técnicas para el manejo del estrés.

1. **Hacer una revisión interna**

Puede parecer obvio, pero el primer paso para medir su nivel de estrés es simplemente dar un paso atrás y preguntarse: "¿Cómo me siento?" Un chequeo intestinal es simplemente darse un segundo para controlar su cuerpo y su mente y determinar cómo se siente.

Recuerde que el estrés se presenta en el cuerpo de todos de formas ligeramente diferentes. Si se siente estresado, tómese un momento para observar la situación. ¿Cómo calificaría su estrés, en una escala del uno al diez (uno es muy bajo, diez es extremadamente alto)?

Piense en sus síntomas físicos. ¿Qué está pasando en tu cuerpo? ¿Siente dolor o tensión en alguna parte?

· · ·

¿Tiene problemas digestivos? ¿Está teniendo problemas para desempeñarse sexualmente? Comprender dónde y cómo se almacena el estrés en su cuerpo lo ayudará a comprender qué tan estresado está en una situación determinada. A veces nos acostumbramos tanto a lidiar con el estrés que ni siquiera nos damos cuenta de cuán severo es nuestro estrés hasta que nuestro cuerpo presenta síntomas físicos.

A continuación, observe su estado de ánimo. ¿Te sientes deprimido? ¿Ansioso? ¿Enfadado? Así como los cuerpos de diferentes personas expresan el estrés de manera diferente, su mente también expresa el estrés de formas únicas. Aprender cómo responder emocionalmente al estrés es tan importante como saber cuáles son sus síntomas físicos. Algunas personas se deprimen mucho cuando están sometidas a mucho estrés.

Otras personas se sienten extremadamente nerviosas o ansiosas. Las formas en que usted responde emocionalmente al estrés le dará pistas sobre qué pasos son mejores para usted cuando se trata de manejar su estrés con éxito.

1. **Utilice un medidor de tensión**

La herramienta psicológica más utilizada para medir los niveles de estrés se llama Escala de Estrés Percibido o PSS. Si eres alguien a quien le gusta la especificidad y quieres una forma más concreta de medir tu estrés, hay una serie de pruebas y herramientas de PSS disponibles de forma gratuita en línea en sitios web confiables. Esta prueba le dará un número entre 0 y 40 para determinar qué tan severos son sus niveles de estrés. La prueba le pide que piense en su vida a lo largo del último mes, por lo que es más útil cuando se realiza mensualmente.

2. **Hágase un diario de estrés**

Puede ser un cuaderno físico, un documento en su computadora o un cajón de escritorio dedicado. Cualquiera que sea la forma que adopte, su diario de estrés será su herramienta más importante a medida que avanza en su viaje de manejo del estrés.

Mantener un registro de sus niveles de estrés lo ayudará a determinar si sus técnicas de manejo del estrés están funcionando y le brindará información valiosa sobre usted que necesitará para hacer los ajustes necesarios.

Mantener notas en su diario de estrés no tiene por qué ser una tarea difícil. Todo lo que necesita son 5 minutos al día para actualizar su diario y verificar su bienestar físico y emocional.

Todos los días, lo primero que debe hacer cuando abre su diario de estrés es calificar su estrés en una escala de 1 a 10. Esta es su prueba de instinto, su propia puntuación personal. ¿Cómo calificaría sus sentimientos de estrés hoy? Si lo desea, el primer día de cada mes, realice una prueba de PSS en línea. Preste atención a cómo cambia su puntuación con el tiempo. Si está bajando, ¿qué técnicas ha estado utilizando que tengan éxito? Si está subiendo, tal vez sea hora de cambiar la forma en que está usando las técnicas elegidas o por completo, incluso prueba algunas técnicas nuevas.

Una vez que haya registrado su puntaje diario, haga una lista de los síntomas físicos negativos que haya experimentado ese día, incluido el dolor, la fatiga u otros problemas de salud.

Finalmente, escriba una palabra que usaría para describir su estado de ánimo. Nombrar tus sentimientos es extremadamente importante para su salud mental, pero si no es algo a lo que esté acostumbrado, a veces puede ser difícil encontrar las palabras adecuadas. Si tiene dificultades para describir sus emociones con precisión, puede encontrar una tabla de estados de ánimo en línea que puede usar para etiquetar sus sentimientos todos los días.

Registrar sus niveles de estrés, estado de ánimo y síntomas físicos todos los días le dará mucha información con la que trabajar. Al final de su primer mes, podrá mirar hacia atrás en su diario y ver patrones emergentes. Puede notar que generalmente registra tener dolor de cabeza cuando sus niveles de estrés son altos. Puede notar que se siente irritable todo el tiempo, pero solo experimenta ansiedad cuando sus niveles de estrés son altos. Es posible que se sienta extremadamente deprimido hasta que comience a meditar, pero una vez que comenzaste esa técnica, no te sentiste tan deprimido. Tomarte solo cinco minutos al día para controlar tus sentimientos puede ser una técnica para reducir el estrés por sí sola.

Tener conciencia de cómo se siente y de lo que sucede en su cuerpo es quizás lo más importante que puede hacer cuando se trata de controlar su estrés. Las formas físicas y emocionales únicas en las que su cuerpo responde al estrés se denominan su "firma del estrés".

Al igual que sus huellas dactilares o su escritura a mano, su firma de estrés es única para usted. Cuanto más comprenda cómo responde su cuerpo al estrés, mejor podrá manejarlo con éxito.

Manejo de su estrés - El método de los tres pasos

Ahora que se ha registrado, ha determinado los principales factores estresantes de su vida y ha creado su diario de estrés, está listo para comenzar a dar algunos pasos reales para controlar sus niveles de estrés. El enfoque de manejo del estrés más simple se llama Método de tres pasos (Maneje su estrés: un enfoque de tres pasos, 2016). El manejo del estrés se trata realmente de encontrar una manera de manejar tres cosas diferentes: sus factores estresantes, sus pensamientos y sus respuestas al estrés.

· · ·

Las diferentes técnicas apuntan a diferentes categorías, pero la mejor manera de manejar su estrés es encontrar un equilibrio entre las tres. El manejo del estrés consiste en descubrir cómo sus factores estresantes, sus pensamientos y sus respuestas trabajan juntas para producir el estrés que sienten todos los días. Solo enfocarse en uno u otro solo le ayudará a resolver una parte del problema.

El método de tres pasos para el estrés

1. Administración: Maneje sus factores estresantes

A menudo, las técnicas de manejo del estrés se enfocan en eliminar o reducir los eventos, personas o situaciones que le causan estrés en primer lugar. Si bien esto no siempre es posible, es muy importante comprender de dónde proviene el estrés en primer lugar. Los factores estresantes pueden ser grandes acontecimientos de la vida, como un divorcio o una enfermedad, o pequeños inconvenientes, como un cordón roto o un metro lleno de gente. La forma en que responde a un factor estresante no siempre se corresponde perfectamente con la gravedad del factor estresante en sí mismo.

Si experimenta estrés crónico, a veces un evento pequeño puede desencadenar una gran respuesta.

Observe sus principales factores estresantes y dividirlos en incidentes relacionados con el apetito que puede cambiar o modificar. Por ejemplo, si el trabajo fue un factor de estrés importante, tómese un momento para dividir el "trabajo" en ejemplos específicos. ¿Cuál es exactamente el trabajo que lo estresa? ¿Es tu viaje lleno de gente? ¿Llegas tarde constantemente? ¿Está generalmente insatisfecho con su trabajo, el departamento de la empresa como carrera profesional?

Ahora que ha hecho su lista, piense en cómo puede convertir estos "factores estresantes" en "factores estresantes modificados". Por ejemplo, si tiene un viaje lleno de gente, ¿es posible salir de casa más temprano o más tarde? Si constantemente llega tarde al trabajo, determine qué lo hace llegar tarde. ¿Necesitas levantarte más temprano?

¿Necesita establecer mejores límites con las personas con las que vive por la mañana? ¿Necesita hacer arreglos para un medio de transporte más confiable?

Tenemos cuidado de llamar a estos "factores estresantes modificados" en lugar de "soluciones" porque no sabe si funcionarán hasta que los pruebe. Salir de casa 15 minutos antes de lo normal podría convertir tu viaje de pesadilla en un sueño. Pero también puede resultar difícil levantarse tan temprano. Puede encontrar que el auto de su compañero de cuarto lo bloquea, o que 15 minutos no son suficientes para tomar un tren anterior.

· · ·

Su solución puede resolver parte del problema, pero es posible que no elimine por completo su estrés. ¡Está bien! Crear una lista de factores estresantes modificados le brinda una mejor comprensión de lo que hace y sobre lo que no tiene control en su vida. Le ayuda a pensar de forma creativa para resolver las situaciones que le causan estrés, en lugar de quedar cada vez más atrapado en sentimientos de frustración o ansiedad.

Descomponer los factores estresantes en situaciones pequeñas y específicas también puede ayudar a que esas situaciones parezcan más manejables. El "trabajo" es una categoría enorme, con muchos problemas y factores estresantes potenciales. Pero el "incumplimiento de los plazos" es un problema específico que se puede resolver con pasos de acción específicos.

2. **Maneje sus pensamientos**

Recuerde que el estrés no es causado por eventos externos. Es causado por cómo percibimos esos eventos. Es posible que descubra que hay ciertos factores estresantes sobre los que tiene muy poco control. No siempre puede evitar quedarse atrapado en el tráfico o encontrarse con personas desagradables. Pero la forma en que piensa acerca de su situación puede ser de gran ayuda para manejar su estrés. ¡Cambie la forma en que ve una situación estresante y, a veces, elimine su estrés por completo!

· · ·

La próxima vez que se encuentre en una situación estresante, intente observar sus pensamientos en la situación. Si tus pensamientos son negativos ("Dios mío, ¿qué voy a hacer? Odio esto. No puedo creer que esto esté sucediendo ..."), entonces es posible que necesite para abordar la forma en que piensa acerca de las situaciones estresantes en su vida, especialmente si son situaciones que puede predecir. Si odia su viaje largo o abarrotado, intente encontrar una manera de hacerlo más agradable. Hazte una lista de reproducción para viajar al trabajo o escucha un audiolibro mientras estás sentado en el tráfico.

Si tiene muchas citas médicas, use el tiempo que pasa en la sala de espera para practicar un idioma extranjero o ver un video interesante en YouTube. Cualquiera que sea la situación, trate de ver qué puede ganar o aprender de ella, en lugar de obsesionarse con cuánto la odia o le teme. Pon toda la energía mental que pones en tu preocupación en tu disfrute. ¡Por lo menos, puedes imaginar lo bien que te sentirás cuando la situación termine!

3. **Gestionar sus respuestas**

Aquí es donde entran en juego las técnicas de manejo del estrés. Es posible que no pueda cambiar su factor estresante, y aunque el pensamiento positivo siempre es poderoso, hay algunas situaciones cuyos aspectos positivos no son lo suficientemente brillantes como para marcar una diferencia real en sus niveles de estrés. Técnicas como la meditación o la respiración profunda son técnicas que controlan la forma en que su cuerpo responde al estrés. La meditación no hará que tu situación desaparezca y es posible que no cambie tu perspectiva al respecto. Pero te ayudará a reducir la depresión o ansiedad que sientes en tu mente, aliviará la tensión física que sientes en tu cuerpo y restablece tus habilidades cognitivas para que puedas seguir trabajando para encontrar soluciones.

Manejar sus respuestas al estrés, a menudo, toma la forma de cambios en el estilo de vida, como ejercicio o una alimentación saludable. Las técnicas que elija también pueden apuntar específicamente a sus respuestas individuales. Por ejemplo, si tiende a tener dolores de cabeza cuando se siente estresado, puede intentar estiramientos o ejercicios de respiración que liberen la tensión en el cuello y los hombros que provocan dolores de cabeza por tensión. Si experimenta problemas digestivos, intente modificar su dieta para darle a su intestino el apoyo nutricional adicional que necesita para mantenerse feliz y saludable en su momento de estrés.

2

Los secretos de reaccionar al estrés y la ansiedad

EL ESTRÉS y la ansiedad son difíciles de evitar en estos días. Hay muchas cosas que compiten por su tiempo y atención todos los días: es difícil evitar el estrés incluso cuando se está teniendo un buen día. Es posible que haya tenido una actitud positiva sobre cómo será su día, pero si los atascos de tráfico le impiden llegar a tiempo al trabajo, esto podría causarle estrés. Una llamada telefónica con malas noticias de un amigo también podría afectar cómo se siente durante todo el día. El punto aquí es que el estrés es parte de la vida diaria. Lo único que puede hacer para asegurarse de que el estrés no afecte su perspectiva de la vida es aprender a afrontarlo de forma sana.

Antes de que aprenda a lidiar con el estrés, lo primero que debe esforzarse por comprender son las fuentes de su estrés. Si comprende sus fuentes de estrés y ansiedad, estará en una mejor posición para saber cómo reaccionar de manera diferente. Existe una gran diferencia entre cómo reaccionan las personas exitosas al estrés y cómo lo hacen los demás. Por ejemplo, las personas exitosas comprenden que la vida tiene sus altibajos. Cuando las cosas no van como ellos quieren, aprovechan esta oportunidad para aprender de sus amargas experiencias. Por el contrario, cuando las cosas parecen funcionar, aprovechan la oportunidad para transformar sus vidas para mejor.

Evalúa cómo reaccionas al estrés

Manejar el estrés y la ansiedad no es fácil. Tampoco es difícil. Lo único es que los efectos del estrés y la ansiedad pueden no presentarse como otras formas de enfermedades. Esto significa que puede llevarle algún tiempo aceptar que sufre de estrés y trastornos relacionados con la ansiedad.

La mayoría de las personas terminan tratándose a sí mismas para las enfermedades equivocadas, mientras que la causa principal de sus problemas de salud es el estrés y la ansiedad. Esto es incluso cierto para los problemas relacionados con el peso: a veces la vida puede parecer abrumadora y puede afectar negativamente sus elecciones de alimentos. Todos sabemos lo difícil que es ir al gimnasio cuando tu mente no está en paz. Ir a trotar por la mañana a los que estaba acostumbrado podría parecerle imposible de repente.

. . .

Al final del día, el estrés y la ansiedad le impiden tomar medidas. Te impiden vivir la vida que siempre has querido vivir, robándote de vivir una vida feliz.

Para superar el estrés y la ansiedad, sus primeros pasos deben ser identificar sus fuentes de estrés. Las razones por las que estás estresado son diferentes de las que tu amigo siente que sus vidas no están saliendo como deberían, por lo que es muy importante que nunca te compares con otra persona. Además, nunca se sabe si alguien puede manejar sus factores estresantes mejor que usted.

Como tal, asumir que estás navegando en el mismo barco podría darte una impresión equivocada sobre cómo te sientes contigo mismo y con las personas que te rodean.

Desafortunadamente, el estrés y las habilidades de manejo de la ansiedad no salen como esperabas. Si todos supiéramos cómo lidiar con el estrés y la ansiedad, no sería necesario que leyeras esta guía. Se pueden aprender habilidades para el manejo del estrés; también puede pulir sus habilidades existentes para mejorar la forma en que maneja el estrés.

Para comprender cómo maneja o reacciona ante el estrés, tómese un momento para evaluarse. Las personas son diferentes. Algunas personas se hacen de la vista gorda ante los desencadenantes diarios del estrés que los rodea. A menudo percibimos a estas personas tan fuertes como parece, como si nunca se estresan. En realidad, todos se estresan. La única diferencia es que algunos de nosotros tenemos admirables habilidades para el manejo del estrés. Por lo tanto, la idea de que se acerca una fecha límite ajustada no sería motivo de ansiedad o estrés para algunos de nosotros.

Otras personas tienen técnicas deficientes para el manejo del estrés.

Por ejemplo, al primer atisbo de una situación estresante, sus niveles de ansiedad aumentan. Llegas tarde a una reunión y no puedes dejar de pensar en la advertencia anterior que te dio tu jefe. Esto conduce a pensamientos negativos incesantes. ¿Me despedirán? ¡Quizás esto afecte mi ascenso! ¿Por qué pospuse mi alarma? Todos estos pensamientos llenan tu mente y te hacen entrar en pánico. Estos pensamientos negativos influyen en tus decisiones. Dado que está pensando negativamente, es muy probable que tome decisiones equivocadas. En última instancia, puede encontrarse en un círculo vicioso de pensamiento negativo.

Si no está seguro de cómo reacciona al estrés, controle usted mismo durante una semana. Anote los factores desencadenantes del estrés que lo ponen ansioso. Aproveche esta oportunidad para anotar también cómo responde.

. . .

¿Qué sucede cuando estás lidiando con la presión o con una fecha límite ajustada en el trabajo? ¿Esto lo agrava en la medida en que libera su enojo sobre sus compañeros de trabajo, amigos o seres queridos? Cuando se tiene un mal día de trabajo, es posible que desee llevar su mal genio a casa. Si tu pareja te provoca cuando sientes que deberías quedarte solo, puedes arremeter con palabras duras contra ellos. Date cuenta de que tiene poco o nada que ver con el estrés por el que estás pasando.

El estrés también puede hacerte reaccionar de forma exagerada. En lugar de comprender que su pareja cometió un pequeño error, es posible que desee hacer una montaña con un grano de arena. Esto es algo con lo que muchas personas en las relaciones luchan. Por ejemplo, cuando atraviesa una situación financiera, podría reaccionar si su pareja gasta dinero en algo para lo que no había presupuestado. Seguro, esto no es lo correcto. Sin embargo, tampoco es una excusa para pelear con tu pareja. Existe una forma saludable de responder a esto para asegurarse de que su relación no se vea afectada por la tensión.

Algunas personas responden al estrés eligiendo comer en exceso. La investigación muestra que el estrés puede conducir a las personas a participar en una "alimentación reconfortante". Aquí es donde las personas recurren a alimentos con alto contenido de azúcar, calorías y grasas, lo que conduce a un aumento de peso.

. . .

El estrés crónico también puede hacer que sienta que hay demasiado que manejar en su vida. Puede sentir que hay mucha presión en todos los rincones. Tu relación está sufriendo, tu carrera va cuesta abajo y las personas a las que llamas tus amigos parecen importarles menos. La verdad es que tu mente está sufriendo.

Todo lo demás a tu alrededor es normal. Si hay alguien que necesita cambiar, eres tú.

Algunas personas responden al estrés eligiendo desarrollar una mentalidad negativa, sobre todo. Cuando estás estresado, esto puede tener un impacto en tu perspectiva de la vida y de las personas que te rodean. Por ejemplo, en lugar de ver bien las cosas que suceden a su alrededor, puede pensar de manera diferente.

Incluso cuando suceden cosas buenas en su vida, puede pensar que esto durará poco tiempo antes de que suceda algo malo. De hecho, esta es la peor forma de responder al estrés. Como habrás adivinado, te impide ver que la vida está llena de abundancia a pesar de los desafíos que estás enfrentando.

También sabemos de personas que recurren a las drogas y al alcohol cuando están estresadas. Los estudios revelan que hay millones de personas que recurren al alcohol y las drogas cuando se enfrentan a situaciones estresantes. Beber puede parecer que le proporciona cierta sensación de alivio.

Después de unos vasos de whisky, es posible que se sienta relajado. Sin embargo, debe tenerse en cuenta que este alivio sólo durará un período breve. No habrá aprendido nada sobre cómo manejar sus factores estresantes o desencadenantes de ansiedad.

Lo peor es que si no se atiende su estrés, podría provocar un exceso de indulgencia. Esto podría provocar complicaciones psicológicas y médicas.

La forma en que reaccionamos al estrés tiene un gran impacto en cómo percibes tu vida y todo lo que sucede a tu alrededor. Pero, ¿qué le causa estrés o ansiedad en primer lugar? Veamos algunos de los desencadenantes comunes del estrés y la ansiedad.

Las 4 fuentes básicas de estrés y ansiedad

Los estudios revelan que hay aproximadamente el 33% de las personas que informan sentirse extremadamente estresadas. Lo peor es que alrededor del 77% de las personas que se sienten estresadas afirman que les afecta su salud física. El 73% de las personas que sufren de estrés afirman que su salud mental sufre mucho.

· · ·

En realidad, hay muchas razones por las que las personas sufren estrés. Dependiendo de la dirección de pensamiento de cada uno, cualquier cosa puede causar estrés.

Tómate un momento para reflexionar sobre por qué te sientes estresado hoy.

¿Por qué estás en la posición en la que te encuentras hoy? ¿Qué es lo que sigues rumiando? Quizás su situación financiera le esté molestando. Puede ser que su relación no esté resultando como se esperaba o que sienta que no va a ir a ningún lado con su pareja. Sus problemas de salud personales pueden ser la razón por la que se siente estresado. Las responsabilidades familiares sobre su hombro también pueden hacer que se sienta estresado y abrumado. El punto aquí es que existen numerosas causas de estrés. Estas causas pueden ser categorizadas en 4 fuentes diferentes.

El entorno que te rodea

Los factores estresantes en su entorno se denominan factores estresantes ambientales. Estos factores estresantes pueden causar irritaciones menores o mayores en su vida diaria. Por ejemplo, si está trabajando en un ambiente caluroso, las temperaturas extremas pueden incomodar. Se aplica el mismo caso si trabaja en un entorno ruidoso. Puede sentirse incómodo porque su mente no puede pensar con claridad o no puede mantener una conversación pacífica con alguien.

· · ·

Otros factores de estrés ambiental incluyen el hacinamiento, la luz, la calidad del aire, los insectos, la guerra, los tornados y otros desastres naturales.

Tu cuerpo reacciona de manera predecible cuando se enfrenta a un factor estresante. Por ejemplo, si ve una serpiente, su cuerpo entrará en la respuesta de "lucha o huida". La respuesta corporal, en este caso, es "luchar" con la serpiente o "huir": huir. Esto es lo que la mayoría de la gente llama "subidón de adrenalina". Las amenazas inmediatas como este ejemplo tienen menos impacto en su salud en comparación con las amenazas a largo plazo. Si sigue experimentando una amenaza particular que lo pone nervioso de vez en cuando, puede sufrir los efectos a largo plazo.

Cuando su cuerpo entra en la respuesta de lucha o huida, libera hormonas del estrés como la norepinefrina y la epinefrina. Estos químicos son responsables de cómo responde su cuerpo cuando se enfrenta a una situación estresante. Puede notar un cambio repentino en los latidos de su corazón. Sus palmas podrían sudar y sus manos podrían comenzar a temblar.

Estos cambios físicos son el resultado de las hormonas del estrés que su cuerpo está liberando. Es importante comprender que la liberación frecuente de estas hormonas puede afectar sus emociones. Su capacidad para resolver problemas también se verá afectada e incluso podría perder el control de sus intestinos.

Existen efectos de salud a largo plazo que podría enfrentar si constantemente enfrenta factores de estrés ambientales que hacen que su cuerpo entre en una respuesta de lucha o huida. Si vive en un entorno propenso a los desastres naturales, es más probable que se sienta estresado o ansioso. Esto sucede porque los factores estresantes que lo rodean pueden ser demasiado para que el sistema inmunológico del cuerpo los maneje. Sus niveles de azúcar en sangre podrían aumentar y podría enfrentar problemas de salud cardíaca. La exposición frecuente a factores estresantes ambientales puede contribuir a problemas de salud mental como ansiedad, esquizofrenia y depresión.

Estresores sociales

La relación con su entorno social también puede causar tensión en su vida. El estrés social puede incluir el estrés derivado de las luchas que atraviesa en casa, la competencia académica, los grupos de amistad, etc.

Aunque el estrés social no se reconoce como una forma importante de estrés, todavía se encuentra entre las formas comunes de estrés que atraviesan las personas.

· · ·

Una de las principales causas de este tipo de estrés es el fracaso. El fracaso a menudo conduce a la pérdida de la confianza en uno mismo y la autoestima. El fracaso contribuye en gran medida a un aumento del estrés social porque vivimos en una sociedad en la que todo el mundo anhela la aprobación. Las personas suelen caracterizar a los demás en función de su éxito.

Otra causa de estrés social es la sensación de incontrolabilidad. La incontrolabilidad crea un entorno en el que uno siente que ha fallado en la vida. Planta una semilla de falla en el cerebro. Cuando esto sucede, uno se siente paralizado porque no puede realizar las acciones deseadas en su vida que lo llevarían al éxito. El efecto de esto es un aumento en los niveles de cortisol, una hormona responsable de ayudarlo a manejar el estrés. A su vez, el aumento de los niveles de cortisol en su cuerpo conduce a una disminución de la autoestima.

Si no se trata, las dos causas del estrés social a menudo conducirán a una disminución de la autoestima. Esto significa que continuará experimentando estrés social y los efectos son simplemente insoportables. Cuando el cerebro se ve obligado a lidiar con frecuencia con factores de estrés social, libera varias sustancias químicas para ayudarlo a lidiar con estas situaciones estresantes. Ejemplos de estos químicos incluyen dopamina, serotonina y glutamato. Cuando estos productos químicos están presentes en el cuerpo en cantidades excesivas, pueden provocar trastornos mentales graves. Hay algunas enfermedades físicas que son causadas por niveles elevados de estrés social: ciertos cánceres, úlceras y enfermedades cardiovasculares.

Entonces, ¿cómo se puede aliviar el estrés social? Si bien no existe una cura absoluta para esto, hay varias cosas que puede hacer para ayudarse a sí mismo.

Una forma eficaz de hacer esto comienza hablando con las personas cercanas a usted. Si hay alguna relación rota, corríjala mediante una comunicación regular. De hecho, todos sabemos que compartir es poder. Un problema compartido es un problema medio resuelto.

Habla con alguien cercano a ti sobre cómo te sientes.

Esto podría ayudar a aliviar un poco el estrés de sus hombros.

Otra forma ideal de lidiar con el estrés social es deshacerse de las relaciones tóxicas. Las relaciones tóxicas son aquellas relaciones que afectan negativamente su estado mental y emocional. Mantenerse alejado de estas relaciones puede ayudarlo a mejorar su estado mental.

· · ·

Si bien no se puede "curar" el estrés social, la buena noticia es que se puede obtener alivio. Lo único que debe hacer es abrirse y demostrar que está decidido a aliviar ese estrés en su vida.

Estresores fisiológicos

Otra fuente de estrés que puede estar experimentando es fisiológica. Tal como sugiere el nombre, este tipo de estresante se relaciona con los aspectos físicos de su cuerpo. No podemos negar el hecho de que a menudo estamos estresados con nuestros cuerpos. Muchas personas irán a los extremos para asegurarse de que pierdan peso o de que sus cuerpos luzcan geniales. Las estadísticas revelan que el 62% de los consumidores estadounidenses que desean comer una dieta basada en plantas lo hacen para reducir de peso. Solo el 17% lo hace para ahorrar dinero. Siguiendo los números, esta es una clara indicación de lo que las personas están dispuestas a hacer para asegurarse de que están en buena forma física.

A medida que las personas envejecen, atraviesan numerosos cambios físicos. A veces, estos cambios son difíciles de afrontar y, por tanto, pueden provocar estrés. Para las mujeres, la menopausia supone una gran transición en sus vidas. Otros factores desencadenantes como falta de ejercicio, sueño inadecuado. nutrición pobre. el envejecimiento y las lesiones gravan el cuerpo. La forma en que reacciona a estos cambios puede afectar cómo se siente consigo mismo. Si cree que está ganando mucho peso y poco está haciendo para remediar la situación, es posible que se sienta estresado. Si continúa pasando por el mismo sentimiento, puede tener un gran costo en su vida y provocar síntomas estresantes como malestar estomacal, tensión muscular, ansiedad y dolores de cabeza.

Tus pensamientos

¿Alguna vez te has detenido por un momento a considerar el hecho de que todo lo que estás pensando es lo que siempre atraes a tu vida? En otras palabras, eres el creador de tu propio pequeño mundo. Hay más de 60.000 pensamientos que se repiten en nuestra mente a diario. Los expertos creen que el 90% de estos pensamientos son similares a lo que estábamos pensando el día anterior. Curiosamente, podemos aumentar nuestra conciencia de estos pensamientos, pero a menudo les prestamos poca atención.

Los pensamientos que se reproducen en nuestras mentes son lo que llamamos diálogo interno. Cuando nuestras mentes repiten estos pensamientos una y otra vez, comenzamos a considerarlos verdaderos sobre nosotros mismos. Por ejemplo, cuando tu mente te sigue diciendo que estás equivocado, es probable que siempre seas escéptico sobre todo lo que haces.

· · ·

¿Cuántas veces te has encontrado pensando, "¿Por qué sigo cometiendo los mismos errores?" Esta es una creencia errónea que se ha repetido en su mente hasta que comenzó a creer que era verdad. Romper con este ciclo de pensamientos es parte integral de su salud mental. Es importante que te des cuenta de que no son tus pensamientos. Estos son solo pensamientos aleatorios en su mente y no tienen nada sobre usted.

Aumentar la conciencia sobre sus pensamientos le ayudará a dominar la forma de aquietar su mente. Más sobre esto se discutirá en los siguientes capítulos.

¿Cómo actúa el estrés?

Tus pensamientos son una fuente importante de estrés.

Para comprender claramente cómo funciona el estrés con respecto a sus pensamientos, el psicólogo Albert Ellis utilizó un modelo llamado modelo de estrés ABC.

Este modelo sostiene que los eventos externos (A) no son la razón de sus emociones (C), pero sus creencias (B) son las culpables.

. . .

Otra forma de analizar esto es que nuestro los comportamientos y las emociones (C) no están directamente influenciados por los eventos de nuestra vida. Más bien, están influenciados por la forma en que procesamos y evaluamos cognitivamente (B) estos eventos.

Este modelo va más allá al señalar que la forma en que respondemos al estrés no es un proceso inmutable. La forma en que los eventos conducen a creencias que conducen a ciertas consecuencias no es fija. El problema aquí es que el tipo de creencia que elegimos aferrarse a los asuntos más.

Como seres humanos, tenemos el poder de cambiar lo que elegimos creer. Por esa razón, podemos manejar el estrés aceptando las creencias racionales que tenemos y disputando las creencias irracionales que nos engañan.

En pocas palabras, cambiar tu diálogo interno negativo por un diálogo interno más optimista puede cambiar tus creencias negativas. El diálogo interno positivo puede ayudarlo a enfrentar los desafíos que enfrenta en la vida.

El diálogo interno es la conversación constante que tiene con su yo interior cuando nadie está escuchando.

Nadie puede escuchar tu diálogo interno aparte de ti.

· · ·

Es la voz de tus pensamientos que te habla. Hay poder en estos pensamientos, ya que pueden hacerte o deshacerte. El diálogo interno positivo lo llenará de una mentalidad positiva.

Te animará a afrontar la vida con valentía. El diálogo interno negativo, por otro lado, tendrá como objetivo derribarte.

Una vez que se dé cuenta de sus pensamientos, puede aprender a cambiar su diálogo interno negativo en positivo. Cuando se enfrenta a los factores estresantes diarios, su mente puede estar llena de pensamientos negativos sobre las experiencias por las que está pasando. Puede pensar que no es perfecto, que no tiene control sobre su felicidad, o que no puede hacerlo, o que pedir ayuda es un signo de debilidad, etc. Claramente, esto es un pensamiento destructivo. Puede cambiar estos pensamientos cambiando su forma de pensar. En última instancia, cambiará su forma de responder al estrés.

Respuestas conductuales al estrés

El estrés afectará tus emociones. A su vez, esto significa que su comportamiento también cambiará.

. . .

Los síntomas de comportamiento comunes que experimentará como resultado del estrés incluyen cambios en su apetito. A menudo, notará que está comiendo demasiado o muy poco. Evitar las responsabilidades y la postergación es otro síntoma conductual común del estrés. El aumento del uso de drogas y alcohol también es un cambio de comportamiento que se producirá en la mayoría de las personas. También se pueden exhibir comportamientos nerviosos como inquietud, morderse las uñas y caminar. Ante el estrés, hay ciertas respuestas de comportamiento que comienzan a tomar forma en su vida.

Falta de motivación

El estrés no debe pasarse por alto, especialmente en lo que respecta a los objetivos no cumplidos y la falta de motivación entre las personas. El estrés ha demostrado tener un impacto negativo en la motivación. De hecho, los científicos ahora creen que la fuerza de voluntad es finita simplemente porque su poder puede verse afectado por niveles excesivos de estrés. Cabe señalar que a veces el deseo de triunfar está estrechamente ligado a los niveles de estrés de uno.

La mayoría de la gente tiende a pensar que la motivación es un rasgo de la personalidad y tendemos a asumir que las personas no pueden tener éxito porque carecen de motivación. En realidad, la motivación es más que un rasgo de personalidad. A pesar del fuerte deseo que uno tiene de triunfar, si tiene mucho que afrontar, su nivel de motivación se verá afectado.

. . .

Cuando se pasa por mucho estrés, la motivación puede simplemente desvanecerse.

Para entender esto claramente, considere cómo funciona un automóvil. Suponiendo que un automóvil usa la fuerza de voluntad como combustible, cada vez que el automóvil se encuentra con un viento en contra, se requiere más combustible para impulsarlo hacia adelante. Cuanto mayor sea la resistencia que enfrenta el coche, más fuerza de voluntad utiliza. Ahora bien, si uno no está satisfecho con su trabajo, por ejemplo, debido al medio ambiente, el cheque de pago o las tareas diarias, todos esos factores se combinan en una fuente importante de descontento, y una persona en tal situación quemará más fuerza de voluntad para afrontar.

Cuando sigas usando tu fuerza de voluntad todos los días, te sentirás exhausto al caer la noche. Esto conduce a una situación en la que incluso los pequeños desafíos parecen insoportables. Es imperativo que comprenda esto claramente. La mayoría de la gente piensa que las personas que no pueden alcanzar sus metas son vagas. Es posible que haya tenido los mismos pensamientos sobre alguien que no ha logrado sus objetivos, o incluso sobre usted mismo. Sin embargo, la realidad es que el estrés puede ser responsable de socavar su motivación: el estrés se interpone efectivamente entre ellos y su visión u objetivos.

Cambio en los comportamientos sociales

. . .

El estrés también puede tener un gran impacto en la forma en que interactúa con las personas que lo rodean. Normalmente, el estrés conduce al retraimiento social. Por ejemplo, podría pensar que evitar las reuniones sociales es la mejor manera de asegurarse de que la gente no le haga preguntas sobre su carrera.

Quizás sienta que su carrera no es lo suficientemente buena en comparación con la de sus amigos. Con esta mentalidad, podrías optar por desconectarte.

Cambio en el deseo sexual

El estrés diario también puede tener un gran impacto en su libido. Una mayor preocupación por las fechas límite en el trabajo, el dinero y otros problemas puede llevar a la libido. Desafortunadamente, esto podría ser una fuente importante de descontento en su relación.

Como se mencionó anteriormente, el estrés desencadena la liberación de sustancias químicas como la epinefrina y el cortisol. Estas hormonas deberían ayudar a su cuerpo a lidiar con el estrés, pero en cantidades excesivas, harán más daño que bien. Lo más probable es que provoquen una reducción de su deseo sexual.

. . .

El estrés y la ansiedad pueden afectar su comportamiento. sus pensamientos, sus sentimientos y su salud en general. Ser capaz de señalar los desencadenantes comunes del estrés que le afectan le ayuda a controlar eficazmente sus niveles de estrés y ansiedad. En este capítulo, ahora se da cuenta de que el estrés puede causar mucho daño en su vida. Podrías culpar a las estrellas y la suerte porque las cosas no te están saliendo bien. Sin embargo, el estrés podría ser la principal razón por la que estás sufriendo.

3

Técnicas generales para afrontar y manejar el estrés

ANTES DE ENTRAR en detalles sobre la implementación de técnicas de relajación efectivas, es importante brindarle consejos sobre las tácticas generales para lidiar con el estrés y la ansiedad. Este capítulo analiza las formas prácticas en las que se puede aprender a lidiar con el estrés. Para ser claros, el estrés no es nada con lo que bromear. Hay millones de personas que sufren en silencio. ¿Sabías que unos 40 millones de adultos en Estados Unidos sufren estrés y ansiedad? Si siente que la vida le pesa porque hay demasiado que manejar, no está solo. Seguir los consejos de este capítulo para dominar cómo lidiar con el estrés, especialmente en el entorno acelerado en el que vivimos hoy.

Consejos prácticos para afrontar el estrés

Date cuenta de que no puedes controlar todo

• • •

Una forma de lidiar con el estrés y la ansiedad es admitir que no tienes control, sobre todo. Lo único que puedes hacer es cambiar la forma en que reaccionas ante las situaciones que encuentres. Tu relación no está funcionando, tal vez no seas culpable de ti. Pon tu estrés en perspectiva.

¿Crees que es tan malo como crees? Tal vez esté atravesando un atolladero financiero debido a las decisiones equivocadas que tomó en el pasado. No tiene nada que ver con tu personalidad. Como tal, puede elegir cambiar su forma de reaccionar, por ejemplo, al aceptar la responsabilidad de sus errores y comenzar a tomar las decisiones correctas desde hoy.

Haz tu mejor esfuerzo

Las personas a menudo se sienten estresadas porque no han logrado sus objetivos en la vida. Cuando sienta que no ha cumplido con sus expectativas, es probable que se sienta abrumado. Los pensamientos destructivos ocupan su mente, ya que puede pensar que no es lo suficientemente bueno. ¡Déjate llevar! ¿Quién dijo que debes ser perfecto en todo lo que haces? En lugar de aspirar a la perfección, luchar por la excelencia. Siéntete orgulloso de tus habilidades y celebra todo el progreso que logras en el camino. Recuerde, el punto aquí es desarrollar su confianza en la positividad. Claro, es posible que las cosas no hayan salido como lo había planeado, pero está orgulloso de sí mismo porque hizo lo mejor que pudo.

Mantenga una actitud positiva

Un aspecto admirable de las personas exitosas es que entienden cómo aprovechar el poder del pensamiento positivo. Estas personas se destacan del resto de nosotros simplemente porque comprenden el poder de sus pensamientos.

La noción de que puedes cambiar tu mundo cambiando tus pensamientos es simplemente fenomenal. De hecho, parece demasiado bueno para ser verdad.

Mantener una actitud positiva es fácil cuando todo va a tu manera. Su carrera está funcionando, su negocio es rentable, sus relaciones son fructíferas, etc. Todos estos buenos sentimientos pueden hacer que se sienta bien con su vida. Por el contrario, cuando todo parece desmoronarse sobre ti, es posible que tengas dificultades para ver algo positivo en lo que está sucediendo.

Por lo general, es en este punto cuando se pone a prueba su actitud positiva.

. . .

La noción de mantener una actitud positiva significa que debe hacer todo lo posible para reemplazar los pensamientos negativos (destructivos) por pensamientos positivos. Con esta mentalidad positiva, siempre verá lo bueno en todo, ya sea bueno o malo.

Por lo tanto, si su negocio está funcionando con pérdidas, puede considerar esto como una oportunidad para aprender algo nuevo sobre cómo mitigar las pérdidas.

Si su matrimonio está en un camino difícil, esta podría ser una oportunidad para renovar sus votos y recordarse mutuamente cómo se sienten. La idea aquí es que debes buscar lo bueno en todo lo que te pasa.

Identifique sus desencadenantes de ansiedad

No es fácil resolver un problema cuando no se conoce la raíz del problema. Para afrontar el estrés de forma eficaz, debe empezar por comprender los desencadenantes de su ansiedad. ¿Es su situación financiera, su familia, su trabajo o algo más lo que lo está consumiendo? Anotar en un diario cómo se siente cada vez que está estresado puede ayudarlo a identificar los posibles desencadenantes de la ansiedad. Esto se debe a que estará en una mejor posición para señalar los patrones existentes sobre cómo reacciona ante el estrés.

· · ·

En el proceso de identificar las causas subyacentes del estrés, intente clasificar estas razones en tres grupos.

Primero, clasifica las razones por las que piensas que puedes encontrar una solución. En segundo lugar, agrupe las cosas que cree que mejorarán con el tiempo.

Y tercero, reúna las cosas sobre las que no tiene control.

Una vez que haya terminado con el ejercicio anterior, comprenda que no tiene que preocuparse por las cosas de la segunda y tercera categoría. Para empezar, algunas de estas cosas mejorarán con el tiempo. así que no hay razón para que rumies sobre ellos. Por otro lado, algunas de las causas fundamentales de su estrés están fuera de su control. Lo mejor que puede hacer para asegurarse de que no lo afecten es aceptar las cosas como son y seguir adelante.

Limite el alcohol y la cafeína

El alcohol y la cafeína son estimulantes. Esto significa que pueden alimentar su ansiedad. Dosis altas moda de cafeína y alcohol puede aumentar sus niveles de estrés.

. . .

Si esto continúa, puede correr el riesgo de sufrir otros problemas de salud mental, como ansiedad y depresión. Beber mucha agua puede ayudar a combatir la necesidad de consumir café.

Come sano

Usted es lo que come. Además de realizar ejercicios de relajación, controlar el estrés también requiere que coma alimentos saludables. Los alimentos saludables proporcionan al cuerpo nutrientes esenciales que ayudarían a prevenir los efectos negativos del estrés, como la inflamación y la oxidación. También sabemos que los alimentos saludables contribuyen positivamente a mantener un peso saludable.

El problema al que se enfrenta la mayoría de la gente en estos días es que sus apretados horarios no es fácil preparar y comer comidas saludables. Es fácil para las personas saltar a los alimentos cargados de grasa o ricos en azúcar como una forma de tratarse a sí mismos. Como parte de asegurarse de reducir o controlar sus niveles de estrés, es importante que desarrolle el hábito de comer alimentos saludables.

Si sabe que podría tener la tentación de recurrir a la comida chatarra, acepte la idea de preparar su comida en casa. Esto reduce la probabilidad de ingerir comidas poco saludables.

Por supuesto, estará más atento a las comidas que prepare. Por lo tanto, es muy probable que coma de manera saludable.

Ejercicio

Los dietistas suelen aconsejarle que el mejor remedio contra el estrés es hacer ejercicio con regularidad. Poner estrés físico en su cuerpo ayuda a aliviar estrés mental y ansiedad. Hay varias razones detrás de esto, incluido el hecho de que hacer ejercicio ayuda a reducir la hormona del estrés del cuerpo como el cortisol.

En última instancia, usted se beneficiará porque el cuerpo liberará más sustancias químicas para sentirse bien (endorfinas) que mejoran su estado de ánimo. Esta es una de las principales razones por las que las personas se sienten bien consigo mismas después de hacer ejercicio.

Otro beneficio del ejercicio es que mejora la calidad de sueño. Después de trabajar duro en el gimnasio o salir a correr, descansarás mejor por la noche. El estrés y la ansiedad pueden afectar la calidad de su sueño ya que su mente nunca deja de pensar. Una forma eficaz de ayudar a que su mente se calme es hacer ejercicio. Más sobre esto se detallará más adelante en esta guía.

Tómate un tiempo

. . .

A veces, la mejor forma de afrontar una situación abrumadora es tomarse un tiempo. Puede que te esfuerces hasta el límite con la esperanza de que todo salga bien, pero al final, obtienes los mismos resultados. Todo lo que necesita hacer es tomarse un descanso. El estrés puede afectar enormemente.

En situaciones normales, la gente puede verte como una persona cariñosa y amable. Sin embargo, cuando estás estresado, todos los rasgos positivos que la gente ve en ti pueden desaparecer. El estrés puede, por lo tanto, afectar sus relaciones porque tiende a silenciar sus buenos rasgos de personalidad.

Es crucial que logres un equilibrio entre ser responsable de otras personas y darte un tiempo a solas. Date cuenta de que está bien cuidarse de vez en cuando. El autocuidado contribuirá en gran medida a que se encuentre a sí mismo y se enfrente al estrés de una manera más razonable.

Como tal, considere tomarse un tiempo para reflexionar y pensar en lo que necesita y no en lo que otras personas necesitan de usted. Esto es bueno para la salud emocional. tu mental

Prácticamente, existen numerosas formas de lidiar con el estrés y la ansiedad. Lo más importante que debe comprender es que la forma en que reacciona es muy importante.

Hay situaciones en las que es posible que no tenga control sobre los problemas que está experimentando.

Sin embargo, según el modelo ABC que aprendió en el capítulo 6, tiene poder sobre sus pensamientos. Puedes cambiar lo que elijas creer. En lugar de creer que no puede resolver los problemas que tiene entre manos, tenga en cuenta que tiene el poder de replantearlos.

Puede hacer esto viendo estos problemas desde una perspectiva positiva. Simplemente tenga una actitud positiva hacia el mundo que lo rodea y atraerá buenas cosas a su vida.

4

Conceptos básicos de las técnicas
de relajación

Ahora comprende el impacto que el estrés y la ansiedad pueden tener en su vida. El estrés crónico puede ponerlo en riesgo de sufrir complicaciones de salud como problemas de digestión, presión arterial alta, ansiedad y depresión, entre otros. Las técnicas de relajación están destinadas a ayudarlo a entrar en un estado mental tranquilo. Sólo cuando se sienta tranquilo podrá controlar el estrés y reducir sus niveles de ansiedad. Este capítulo presenta las técnicas básicas de relajación que se analizarán en detalle en este manual.

En esta sección, comprenderá qué son las técnicas de relajación y los beneficios que debe esperar si las practica con regularidad como se recomienda.

¿Qué son las técnicas de relajación?

. . .

En pocas palabras, las técnicas de relajación se refieren a las estrategias que se utilizan para ayudar a reducir los niveles de estrés y ansiedad. Debe quedar claro que las técnicas de relajación que se discutirán aquí no sólo están destinadas a ayudarlo a lograr un estado mental de paz. Estas estrategias están destinadas a garantizar que maneje el estrés y la ansiedad de una manera que no afecte su salud y bienestar.

Quizás ha estado luchando con niveles abrumadores de estrés y ansiedad y quizás se haya estado preguntando si existe un remedio natural para su condición. Las técnicas de relajación pueden ayudarlo a liberarse de su mente. Como se mencionó anteriormente, una de las causas fundamentales del estrés son sus propios pensamientos. En consecuencia, si puede dominar la forma de relajar la mente, puede reducir el estrés y la ansiedad.

Su cuerpo entrará en un estado de lucha o huida cuando se enfrente a situaciones estresantes.

En situaciones normales, esta respuesta al estrés está destinada a ayudarlo a lidiar con un entorno donde existe una amenaza potencial. Esto significa que algunos niveles de estrés y ansiedad son buenos para el cuerpo. El estrés crónico, por otro lado, no es saludable. Cuando se trata de esta forma de trastorno de ansiedad, la respuesta al estrés se activa con frecuencia en el cuerpo. Provoca síntomas físicos desagradables como aumento de la frecuencia cardíaca, aumento de la sudoración, respiración rápida y otros.

· · ·

Las estrategias de relajación tienen un efecto opuesto al de la respuesta al estrés. Con la ayuda de estas técnicas, su mente y cuerpo podrán relajarse. Se reducen los latidos del corazón, se reducen las tensiones corporales y disminuyen los pensamientos destructivos. A través de la sensación de relajación que obtendrá, obtendrá un mayor sentido de autoestima y mejorará considerablemente sus habilidades para resolver problemas.

¿Por qué la relajación es tan importante?

Quizás se esté preguntando: ¿por qué es tan importante la relajación? ¿De dónde saco el tiempo para relajarme? Si alguien te dijera que necesitas relajarte, la primera pregunta que querrías hacerle es ¿de dónde sacas el tiempo para relajarte? Quizás esté siempre en movimiento, haciendo lo que pueda para asegurarse de que sus hijos tienen un futuro brillante. De hecho, el ajetreo y el bullicio de la vida nos han puesto en una situación en la que pensamos que estar ocupados es la única forma de triunfar. El entorno acelerado en el que vivimos nos ha impedido darnos cuenta de la importancia de tomarnos un tiempo para relajarnos.

A menudo olvidamos la importancia de alejarnos de las cosas que contribuyen a nuestros niveles de estrés y ansiedad. De lo que no nos damos cuenta es que tal relajación nos otorga la energía que necesitamos para manejar nuestros factores estresantes diarios. Es importante reiterar el hecho de que no todo el estrés es malo.

El estrés leve puede empujarnos a hacer algo que sea beneficioso para nosotros.

Sin embargo, pasar por altos niveles de estrés con frecuencia puede tener efectos perjudiciales para nuestra salud mental, física y emocional.

La sobrecarga de estrés puede resultar en síntomas físicos como tensión en los hombros y el cuello, dolores de cabeza, fatiga, mareos, malos patrones de sueño, etc.

Dado que el cerebro libera la hormona cortisol con mayor frecuencia, su estado mental también se verá afectado. A menudo se encontrará preocupándose demasiado, pensando demasiado en las cosas más allá de toda proporción, teniendo problemas para tomar decisiones y afligido por la falta de concentración. Es probable que sienta que ha perdido el control de sus pensamientos y que su mente lo está controlando.

Emocionalmente, se sentirá agobiado por mucha ansiedad y disminución de la autoestima. Esto podría provocar depresión. Su comportamiento también cambiará ya que no tiene control sobre sus pensamientos y emociones.

Las personas pueden encontrarlo agresivo o antisocial, o puede permitirse un comportamiento autodestructivo como abusar de las drogas y el alcohol.

Cada vez que pones tu cuerpo y tu mente en un estado de relajación, aumenta el flujo de sangre alrededor de su cuerpo. Esto significa que la energía se distribuye por todos los rincones de su sistema. El beneficio que se obtiene aquí es que tendrá una mente más tranquila y clara que podrá tomar las decisiones correctas en el momento adecuado. Cuanto más tome las decisiones correctas, más construirá su vida sobre la positividad.

La relajación reduce su presión arterial al disminuir su frecuencia cardíaca. A su vez, esto alivia la tensión en su cuerpo. Con el aumento del flujo sanguíneo en todo su sistema, la digestión también mejorará.

Normalmente, cuando su cuerpo y su mente están estresados, esto resulta en respuestas emocionales y de comportamiento anormales. Podría enojarse por un problema insignificante solo porque está estresado.

. . .

También es fácil frustrarse cuando no sale como esperaba. La relajación reduce la probabilidad de que sucedan estas experiencias. Con el estado claro de la mente que logrará, estará en una mejor posición para reaccionar bien al estrés y la ansiedad. Estarás más consciente de tus pensamientos. Esto da como resultado una forma consciente de abordar los desafíos diarios que parecen agobiarlo.

Hay una gran diferencia entre relajarse al final del día mientras mira la televisión o navega por sus páginas de redes sociales y practica estrategias de relajación que se discutirán en esta guía. La relajación exige que cambie su ritmo de vida. Las actividades que lo ayudarán a relajarse incluyen el uso de técnicas de relajación como respiración profunda, visualización, relajación muscular progresiva, meditación física y exploración corporal. Estas estrategias de relajación son útiles ya que llevan su mente y su cuerpo a un estado de verdadera paz interior.

Prepare su mentalidad

El concepto de relajación puede parecer sencillo, pero la mayoría de las personas todavía tendrán dificultades cuando se les pida que relajen el cuerpo y la mente. El aspecto complicado de la relajación es que requiere que enfoques tu mente. Por supuesto, hay ciertas cosas que pueden preocuparse con regularidad. Tal vez esté estresado por problemas laborales o familiares. Los desafíos financieros que pueda estar experimentando podrían llenar su mente de pensamientos destructivos sobre su futuro. Para que pueda cosechar los beneficios para la salud de la relajación, es fundamental que vuelva a concentrar su mente en estos problemas. Debe imaginarse a sí mismo sintiéndose feliz y agradecido por las cosas buenas que tiene o anticipa tener.

Puede tener la impresión de que enfocar su mente es un desafío porque hay muchas pasando en tu vida. Bueno, aquí es donde nuestra meditación guiada te ayudará. Las técnicas de respiración y meditación física te ayudarán a escuchar tus pensamientos y enfocarlos.

Las técnicas de relajación que se describen en esta guía están destinadas a ayudarlo a transformar su vida en general.

Pero antes de que esto suceda, debes desarrollar una mentalidad positiva hacia lo que harás. Piense en el dolor por el que ha pasado todos estos años o los últimos meses / semanas. Tal vez la vida te haya empujado al punto en el que te apetezca rendirte. Es posible que haya sentido que todo es una lucha. Siempre has estado trabajando duro y nada parece funcionar. También podría ser que sus problemas personales lo hayan agobiado y esto haya afectado todas las facetas de su vida ...

Como se señaló anteriormente en el capítulo, el estrés puede apagar rápidamente tu motivación. El mero hecho de que no hayas logrado tus objetivos no significa que seas vago o que tengas mala suerte. El estrés y la ansiedad podrían ser la causa principal de todos los problemas por los que está pasando. Es por esta misma razón que antes de comenzar a practicar las técnicas de relajación de esta guía, debes asegurarte que ese objetivo lo sabes tú.

Desarrolle una mentalidad positiva hacia todo lo que estaría haciendo para asegurarse de controlar su estrés y reducir sus niveles de ansiedad.

Debe darse cuenta de que el viaje hacia la consecución de un estado mental de paz puede que no sea fácil desde el principio. Sin embargo, es a través de la práctica continua de estas técnicas de relajación que dominará cómo poner su cuerpo y mente en un estado de tranquilidad.

Entonces, espere que su mente divague de vez en cuando. Nunca habías hecho esto antes. Como tal, es normal que su mente piense en cosas negativas cuando intenta concentrarse en lo positivo. Cuando esto suceda, debe aumentar la conciencia de sus pensamientos y reconocer que su mente está vagando. Esto es lo que le enseñarán las técnicas de respiración y exploración corporal. Está bien cometer errores al practicar las técnicas de relajación las primeras veces.

Claro, es posible que no lo haga bien como se recomienda en el manual, así que intente mejorar, pero no se castigue por ello. Esfuércese por lograr un estado mental más tranquilo cada vez que practique las técnicas de relajación de este libro. Si se enfoca en la mejora diaria, tenga la seguridad de que dominará cómo relajar su cuerpo y mente y se beneficiará de ello.

Encontrar tiempo para relajarse

De acuerdo con la idea de relajación, no podemos pasar por alto el concepto de tiempo. La mayoría de las personas se lanzarán a la idea de la relajación con la esperanza de que les resulte fácil recordar practicar técnicas de relajación todos los días. La alegría de probar un nuevo desafío puede inspirarte a comenzar con una nota alta. Entonces sucede la vida, y de repente te das cuenta de que no tienes tiempo para dedicarte a estas técnicas de relajación a diario como hubieras querido.

Esto es lo mismo que les sucede a las personas cuando comienzan a hacer ejercicio. Al principio, las cosas parecen interesantes simplemente porque estás haciendo algo nuevo. Con el tiempo, la euforia se desvanece. Antes de que te des cuenta, estás priorizando otras cosas mundanas sobre el ejercicio. No es hasta más tarde que se da cuenta de que el ejercicio es importante para su mente y cuerpo.

En realidad, la vida puede volverse ajetreada. Por lo general, las exigencias de la vida pueden impedirnos darnos cuenta de que es importante tomarnos un tiempo para descansar y relajarnos. Esto hace que sea muy importante encontrar formas de adaptar las estrategias de relajación a su apretada agenda. No asuma simplemente que practicará técnicas de relajación por la mañana y por la noche. Es vital que reorganice su vida para garantizar que tenga tiempo para practicar las técnicas de relajación que se discutirán en esta guía. Si desea obtener los beneficios de estas técnicas en solo 7 días, la consistencia es clave.

Entonces, ¿cómo encuentras tiempo para relajarte?

Registra cómo pasas el tiempo

El secreto para encontrar tiempo para su práctica de relajación es registrar cómo usa el tiempo. Empiece por evaluar su horario para determinar si hay ciertas actividades que le roban su precioso tiempo. Con el entorno digitalizado en el que vivimos, hay muchos "ladrones de tiempo" a los que puede señalar.

Algunos de estos ladrones incluyen la televisión, Internet e incluso personas tóxicas. Por ejemplo, es posible que no se dé cuenta de que pasa más de 40 minutos todos los días navegando por sus páginas de redes sociales. ¿Por qué no considera asignar este tiempo para relajarse? Después de todo, algunas de las técnicas de relajación de esta guía toman menos de 30 minutos.

· · ·

Subcontratar actividades

Otra forma eficaz de encontrar un momento de relajación es subcontratar algunas actividades. Hay momentos en los que estamos demasiado ocupados para darnos cuenta de que no podemos hacer todo nosotros mismos. Delegar tareas puede ayudarlo a obtener algo de tiempo libre para practicar el autocuidado a través de estrategias de relajación.

Aprende a decir no

También es importante aprender a decir no a algunas de las tareas que se le asignan. No asuma tareas que no pueda realizar. Puede pensar que decir no es ofensivo, pero desde una perspectiva positiva, decir no también significa darse algo de tiempo libre. Puede utilizar este tiempo para relajar su cuerpo y mente como una forma de afrontar el estrés y la ansiedad.

Concéntrate en tu respiración

A pesar de todos sus esfuerzos por encontrar tiempo, es posible que se dé cuenta de que en realidad no tiene tiempo. Bien, ¿adivina qué? Puede practicar técnicas de relajación respiratoria en solo unos minutos. Usted puede tomarse unos minutos en un lugar tranquilo y concéntrese en su respiración durante menos de 5 minutos. Lo bueno es que también puede hacer esto incluso en un entorno tenso. Más sobre esto se discutirá en detalle más adelante en esta guía.

Desenchufarse

La mayoría de las personas que están acostumbradas a navegar por Internet piensan que esta es la mejor manera de matar el tiempo y relajarse. Desafortunadamente, la información que le da a su mente a través de estas páginas hace más daño que bien. En lugar de elegir su teléfono inteligente para navegar, ¿por qué no usa este tiempo para practicar el ejercicio de respiración que más le sirve? Al final del día, habría bajado sus niveles de estrés y se sentirá con más energía y listo para enfrentar cualquier desafío que surja.

Gana tu día por la mañana

Empiece el día con una nota positiva levantándose temprano. La ventaja de levantarse temprano es que tiene algunas horas extra para participar en actividades que no habría tenido tiempo para hacer más tarde en el día. En este caso, debes acostumbrarte a meditar por la mañana.

· · ·

Esto le permite ganar su día por la mañana. Comenzar el día con una buena nota con afirmaciones positivas puede ayudarlo a lograr más en la vida.

Con esta mentalidad, se puede manejar mejor el estrés de manera efectiva.

Agende una cita con usted mismo

También es imperativo que programe su "tiempo para mí". Considere su tiempo de relajación como cualquier anuncio u otra cita importante a la que debe asistir.

Tomar nota de que tiene una cita con usted mismo aumentará las probabilidades de participar en la actividad. Recuerde, usted es el que se beneficiará de las estrategias de relajación que se analizarán. Lleva demasiado tiempo sufriendo en silencio y es hora de superar la ansiedad y el estrés. Comprométete con el proceso y cosecharás los beneficios en solo unos días.

Ahora que comprende qué son las técnicas de relajación y su relevancia, pasemos al siguiente capítulo en el que comienza a prepararse para la primera estrategia de relajación. Es importante que lea el capítulo adecuadamente, antes de pasar al siguiente.

Tiene que desarrollar la mentalidad adecuada para permitir que las técnicas de relajación le ayuden. Sin esto, sería difícil para usted notar algún cambio en términos de relajar la mente y el cuerpo. Cuando esto suceda, es posible que se desanime, ya que es posible que las técnicas discutidas no funcionen. Por esa razón, la preparación mental es clave para asegurarse de aprovechar los beneficios de tomarse un tiempo para relajarse.

5

Fase de examinación, sea su propio doctor

POR LO GENERAL, antes de que un médico pueda determinar lo que está sufriendo, considerarán los síntomas que está experimentando. Sus síntomas les ayudarán a asegurarse de que se le proporcione el medicamento adecuado. De la misma manera, manejar el estrés y la ansiedad requiere que comprenda los síntomas que está mostrando. Los síntomas del estrés varían de una persona a otra. Esto se debe a que las personas afrontan el estrés de forma diferente. Algunas personas pueden considerar ciertos síntomas como leves, otras pueden encontrar síntomas similares como abrumadores. En consecuencia, es importante comprender cómo le afecta el estrés desde una perspectiva personal.

Este capítulo requiere que se examine a sí mismo mientras se esfuerza por comprender cómo el estrés afecta su cuerpo y su bienestar general. Esta evaluación personal está destinada a ayudarlo a tomar conciencia de sus pensamientos, emociones, comportamiento y reacciones a su entorno inmediato. Para ayudarlo a realizar esta autoevaluación, definiremos algunos de los signos y síntomas de la sobrecarga de estrés.

Signos y síntomas de sobrecarga de estrés

Síntomas cognitivos

El estrés puede ser algo que se te ocurra con más frecuencia. Lo más probable es que te preocupes constantemente por tu futuro o por los errores que cometiste en el pasado. También puede ser que no esté seguro de lo que está pasando en su vida. Es posible que sus amigos y familiares le hayan señalado que siempre parece estresado. En realidad, el estrés puede causar numerosos problemas en su vida, especialmente en lo que respecta a sus capacidades cognitivas.

Los siguientes son síntomas cognitivos que indicarán que debe controlar el estrés antes de que cause más daño a su vida.

Preocupación constante

¿A menudo te preocupas por cosas que aún no han sucedido? Quizás sigues pensando en "¿Y sí?" ¿Qué pasa si las cosas salen mal en un futuro próximo? Si se encuentra haciendo estas preguntas, entonces está estresado. Individuos a los que la preocupación constante aumenta sus niveles de ansiedad. A su vez, esto contribuye a aumentar los niveles de estrés. Si bien está bien preocuparse por algo, la preocupación excesiva puede afectar su salud mental. Las personas que se preocupan constantemente se preocupan incluso cuando las cosas vayan bien.

Olvido

También es posible que se olvide de cosas importantes en su rutina diaria.

Si este es el caso, podría ser una indicación de que está lidiando con una sobrecarga de estrés. En el trabajo, podría olvidarse de proyectos importantes que deberían haberse completado. Lo mismo afectará su vida personal, ya que podría olvidar eventos familiares cruciales. Olvidar cosas es normal. Sin embargo, en casos extremos, puede costarle su trabajo o sus relaciones.

Desorganización

Si notas que las personas que te rodean se quejan de tu forma de vida desorganizada, podrían señalarse una señal de alerta de que estás estresado. Cuando estás desorganizado, puedes encontrarte perdiendo cosas que son importantes para ti. De hecho, también puede deshacerse por error de elementos que son esenciales.

Su naturaleza desorganizada también podría influir en la forma en que prioriza las tareas. En última instancia, esto afectará su productividad.

Problemas para concentrarse

¿Tiene dificultades para concentrarse en una sola tarea o actividad? Cuando estás estresado, hay muchas cosas en tu mente. Como tal, el desorden mental le impedirá concentrarse. Si no puede concentrarse en una tarea a la vez, definitivamente tendrá dificultades para terminar las tareas a tiempo. Su productividad se verá afectada y esto generará más estrés.

Carrera de pensamientos

Si nota que su mente parece no poder calmarse, entonces este es otro signo de estrés. Los pensamientos acelerados pueden afectar su capacidad para tomar decisiones. Un minuto estás pensando en hacer algo y al minuto siguiente tu mente está pensando en algo diferente. Esto puede evitar que realice alguna acción porque no está seguro de qué es lo correcto. A menudo, tal indecisión conduce a estrés y ansiedad. Al final del día, puede optar por no hacer nada porque tiene demasiado miedo de cometer errores.

El problema es que no tomar medidas solo contribuye a acumular más y más estrés. En consecuencia, si siente que su mente está constantemente corriendo con todo tipo de pensamientos, esto podría ser un signo de angustia.

Falta de criterio

Las personas estresadas tienen más probabilidades de tomar decisiones equivocadas simplemente porque se sienten agobiados. Cuando suceden muchas cosas en su vida, es posible que desee decir que sí a todo para sacar a la gente de su camino. Dado que tomará decisiones apresuradas, es probable que tome decisiones equivocadas que afectarían su vida personal y profesional. En la mayoría de los casos, encontrará que sigue lamentando haber tomado ciertas decisiones. Esto sucede porque nunca pensó dos veces en las cosas para determinar si estaba tomando la decisión correcta o no.

Perspectiva pesimista

Las personas que sufren de estrés crónico tienden a enfocarse solo en lo negativo. El estrés puede hacer tu vida miserable. Dado que tu mente está llena de pensamientos destructivos. es difícil notar algo bueno en cualquier cosa que suceda en tu vida, y siempre esperarás que suceda lo peor. Tu motivación se desvanecerá ya que tienes una perspectiva pesimista hacia las cosas.

Por lo tanto, esperará fallar en todo lo que haga. Por supuesto, no puedes tener éxito si sigues enfocándose en la negatividad.

Síntomas psicológicos y emocionales

El estrés también puede afectar su bienestar psicológico y emocional. Algunas de las señales a tener en cuenta se analizan de manera sucinta en las siguientes líneas.

Depresión

El estrés también puede manifestarse en forma de un estado de ánimo persistente o severo. Esto es lo que la Asociación Estadounidense de Ansiedad y Depresión (ADAA) define como depresión. Existe una fuerte correlación entre los altos niveles de estrés y las primeras etapas de la depresión. Si siente que siempre se siente deprimido, es una clara señal de que está estresado.

. . .

Ansiedad

La ansiedad es donde te enfrentas a un pavor abrumador. Puede que no estés triste, pero sientes un miedo abrumador por lo que pueda suceder. Aquí es donde llena su mente con preguntas de "qué pasaría si". El problema aquí es que temes las cosas que creas en tu mente. Es posible que le preocupe pensar que lo despedirán o que su cónyuge lo dejará. Estos son solo pensamientos destructivos que ocupan mucho espacio en tu mente. La preocupación constante puede conducir finalmente al estrés.

Tensión

La tensión también es otro síntoma común de estrés. Aunque algo de tensión se considera útil. La tensión constante puede contribuir en última instancia a aumentar los niveles de estrés. Por lo general, puede surgir tensión si se está lidiando con una relación difícil.

Quizás siempre estás chocando con tu pareja. Demasiada competencia a tu alrededor también puede ponerte tenso con más frecuencia. En este sentido, en lugar de hacer las cosas con normalidad, la tensión puede hacer que sienta que hay mucha presión con la que lidiar. Al final del día, esto afectará su desempeño.

· · ·

Un nivel razonable de tensión es útil. Está ahí para animarte a tomar las medidas necesarias para salvar una situación. Si hay tensión en su relación, la tensión debería motivar a tomar medidas correctivas para resolver el problema. La tensión debe ser un sentimiento a corto plazo que desaparece después de un tiempo. Si se siente constantemente tenso, entonces demuestra que necesita hacer cambios importantes en su vida.

Inseguridad

También puede sentirse inseguro debido a los diversos signos psicológicos de estrés. Cuando se siente inseguro, puede afectar su forma de pensar sobre sí mismo. Por ejemplo, podrías terminar pensando que no agregan valor al mundo que te rodea. En el trabajo, podría pensar que tiene un rendimiento inferior.

El juicio severo sobre sí mismo y las comparaciones inútiles pueden hacerte sentir inferior a las personas que te rodean. Las personas que sufren de estrés tendrán dificultades para apreciar lo que tienen o lo que son capaces de lograr. Por lo general, esto es lo que contribuye a la inseguridad.

A veces, cuando las cosas parecen estar fuera de control, es fácil para uno creer que son responsables.

. . .

Esto puede socavar su autoestima. Cabe señalar que la autoestima no se define necesariamente por lo que logra. Más bien, se define por quién eres.

Aumentar su autoestima ayuda a garantizar que desarrolle coraje hacia tales síntomas psicológicos del estrés.

Retirada

Para ser honesto, hay momentos en que todos sentimos que no estamos motivados para trabajar. Es una experiencia normal por la que pasar. Después de todo, no puede estar motivado 24 horas al día, 7 días a la semana. Sin embargo, en otros casos, tal falta de motivación puede salirse de control. Es posible que sientas constantemente que el trabajo que estás haciendo está ahí para ayudarte a ganar algo al final del día. Este sentimiento negativo podría llevar a la desconexión.

También hay situaciones en las que te encuentras atrasado en las expectativas que te habías fijado. Tal vez había planeado lograr algo en dos o tres meses, pero se quedó corto. Por lo tanto, se esfuerza por hacer más con la esperanza de ponerse al día gradualmente. Esto conduce a la desconexión de la vida.

Tú también comienzas a enfocarte mucho en el trabajo, ya que tiene poco tiempo para hacer conexiones reales y encuentra menos tiempo para participar en las actividades que ama.

En términos de trabajo, llega un punto en el que pierde el enfoque en lo que es importante. Te obsesionas con los ingresos, los ingresos o la cantidad de trabajo que entregas. De hecho, esto es lo que se denomina desvinculación. Una de las cosas más importantes que puede perder en la vida es el propósito. Pierdes propósito en lo que haces. A medida que pierde el contacto con personas que le habrían dado sentido a la vida, no encuentra alegría en hacer lo que hace. Terminas sintiendo que tu vida es un círculo vicioso constante en el que no estás logrando nada.

En casos extremos, puede preguntarse. "¿Cuál es el punto de hacer todo esto si no voy a ser más feliz?" La verdad es que necesitas volver a comprometerte con la vida. Esto significa hacer significativas las conexiones con las personas que te rodean. En cierto sentido, esto te ayudará a crear tu propia felicidad.

Aislamiento

Su trabajo u otras situaciones de la vida también pueden hacer que se sienta aislado de vez en cuando.

. . .

Esto puede hacer que se sienta excluido. Si hay problemas por los que puede estar pasando, podría sentir que no hay nadie con quien hablar o que nadie puede ayudarlo. El problema del aislamiento repetido es que podría hacer que te alejes de las personas. Poco a poco pierdes conexiones con personas importantes en tu vida. Esto podría continuar hasta que llegue a un punto en el que sienta que necesita abrirse con alguien y no tiene a nadie a quien recurrir.

Desafortunadamente, es posible que las personas que te rodean no se den cuenta de que estás ausente. Esto se debe a que las personas están demasiado ocupadas lidiando con sus propios problemas: es posible que no tengan intención de hacer daño, pero es posible que usted esté sufriendo en silencio.

Los síntomas psicológicos pueden afectar su vida de muchas maneras. El problema con estos síntomas es que son difíciles de notar. Es posible que las personas que te rodean no se den cuenta de que estás sufriendo simplemente porque no pueden ver o comprender el funcionamiento interno de tu mente. Solo cuando te abres a los demás, ellos podrán ayudarte.

Síntomas conductuales

. . .

Los problemas se resuelven fácilmente si puede identificar su causa raíz. El mismo principio se aplica cuando se trata de estrés. Sus comportamientos también pueden ayudarlo a identificar si está sufriendo de estrés.

En comparación con los síntomas psicológicos y cognitivos del estrés, los síntomas conductuales se pueden identificar fácilmente. Las personas que te rodean también pueden notar su cambio de comportamiento debido al estrés. Esto no significa que deba esperar a que la gente le diga que su comportamiento ha cambiado.

Como parte de asegurarse de que disfruta de la vida, es fundamental que aumente su conciencia de los posibles síntomas conductuales. Algunos de estos síntomas se describen a continuación.

Dificultades para dormir

Dormir bien por la noche a menudo requiere que uno se relaje. Si sigue rumiando sobre el pasado y el futuro, esto puede hacer que se sienta preocupado y ansioso.

Puede ser un desafío apagar su cerebro e irse a dormir. Es por esta razón que las personas que están estresadas a menudo dan vueltas y vueltas toda la noche.

. . .

La vida como la conocemos es bastante desafiante. La gente tiene que lidiar con mucha presión todos los días.

Normalmente, las personas hacen un esfuerzo adicional al sacrificar su sueño para asegurarse de cumplir sus objetivos y aspiraciones.

Dormir menos horas puede parecer la mejor manera de mantener el ritmo de sus actividades diarias.

Sin embargo, no se debe ignorar la importancia del sueño para una salud óptima.

No dormir lo suficiente puede afectar su productividad al día siguiente. Se sentirá cansado y es probable que desee omitir algunas actividades importantes solo porque necesita descansar. Si continúa reprimiendo su sueño, no se puede negar el hecho de que se quedará atrás en su rendimiento. Esto contribuirá a aumentar los niveles de estrés. Parece que no puede hacer las cosas a tiempo. Las emociones negativas te afectarán enormemente y el estrés seguirá aumentando.

Falta de productividad

. . .

El cronometraje se convierte en un gran problema cuando una persona está estresada. El problema aquí es que puede abrumarse al asumir demasiadas tareas que no puede manejar.

También puede evitar las tareas, ya que está tratando de evitar la responsabilidad. La procrastinación también podría ser la razón por la que sigues presionando las tareas hasta el último minuto. Este es un rasgo común de las personas estresadas.

Debe quedar claro que sus deficientes habilidades para administrar el tiempo pueden no implicar explícitamente que esté estresado. Si ha estado administrando bien el tiempo y de repente nota que pierde mucho tiempo, esto podría ser un indicio de que algo no está bien. Tal vez le resulte un desafío mantenerse al día con algunas tareas que solía encontrar fáciles de manejar. A veces, incluso puede sentir que se está sobrecargando con cosas que no puede manejar. Su falta de productividad debe comprobarse tan bien como si pudiera indicar que está lidiando con el estrés.

Retiro

El estrés tendrá un impacto significativo en su autoconfianza y autoestima.

. . .

Cuando estás estresado, lidiar con situaciones sociales se convierte en un problema importante. El comportamiento de evitación irá apareciendo lentamente y hará todo lo posible por evitar situaciones sociales para proteger su frágil autoestima.

A veces, es posible que ni siquiera notes que te estás retirando porque tiendes a asumir que es algo común. Por ejemplo, sus amigos pueden invitarlo a almorzar, pero puede optar por evitar ir porque cree que no puede hacer frente a un grupo grande de personas.

También puede evitar el trabajo porque no confía en usted mismo para manejar una tarea en particular.

Estos signos de abstinencia no deben tomarse a la ligera. Son una indicación de que es probable que esté lidiando con el estrés y la ansiedad.

Agotamiento

Una persona que está estresada a menudo se sentirá como si estuviera corriendo de una situación de emergencia a otra. Esto significa que es posible que no encuentren suficiente tiempo para descansar. Si se siente fatigado constantemente, podría ser una indicación de que se siente abrumado y estresado.

Comportamiento adictivo

Las personas que están estresadas pueden vivir en negación durante demasiado tiempo. Es posible que no se den cuenta de que están estresados hasta que sea demasiado tarde para dar marcha atrás. En situaciones en las que las personas no saben que están estresadas, podrían recurrir a soluciones a corto plazo para ayudarlos a sentirse bien. Pueden recurrir a las drogas y al alcohol en busca de alivio. Lo que la gente puede no darse cuenta es que estas soluciones a corto plazo tienen consecuencias perjudiciales a largo plazo.

La idea de recurrir a las drogas y el alcohol como una forma de lidiar con el estrés debería ser lo último en su mente.

Si bebe o usa drogas para escapar de una situación que no quiere manejar, entonces tiene un problema de dependencia. Debes darte cuenta de que es mejor enfrentar tus problemas que ahogarlos en alcohol o cualquier otra droga. Sus problemas no desaparecerán simplemente porque eligió ignorarlos. De hecho, cuanto más los ignora, mayores se vuelven los problemas. En última instancia, querrá beber más para liberar su mente de tener que pensar en el problema. Aquí es donde te vuelves adicto

. . .

Hábitos alimenticios poco saludables

El estrés también impulsa a las personas a buscar consuelo en lo que comen. La mayoría de las personas querrán comer alimentos poco saludables, ya que brindan un alivio temporal a un mal presentimiento por el que uno podría haber estado pasando. Es esa buena sensación que tienes cuando comes papas fritas lo que te hace querer comer más cuando te sientes deprimido. Estos alimentos no son nutritivos, y tal exceso puede conducir a enfermedades relacionadas con la salud como presión arterial alta, obesidad y enfermedades cardíacas, entre otras.

Las personas responden de manera diferente al estrés. Mientras que algunos pueden comer en exceso, otros evitarán comer. Por lo general, esto sucede cuando las personas tienen percepciones negativas de su propia imagen. También puede ocurrir cuando tienen actitudes negativas hacia la comida. Cualesquiera que sean las razones por las que pueda tener para evitar la comida, se pueden sentir efectos devastadores si no se modifican.

Hay una buena razón por la que siempre se aconseja comer bien. Comer alimentos saludables proporciona a su cuerpo nutrientes importantes para un funcionamiento óptimo, mientras que los alimentos no saludables le impiden rendir al máximo. Piénselo de esta manera, cuando come alimentos saludables, se siente bien consigo mismo. Sabes que has tomado la decisión correcta y esto evoca algunos buenos sentimientos Comer alimentos poco saludables, por otro lado, te preocupa. Es posible que le preocupe que gane peso lentamente o sufra los efectos negativos de sus malos hábitos alimenticios.

Este capítulo le ha abierto los ojos para que se dé cuenta de que puede ser su propio médico. Esto significa que puede realizar una prueba de autoevaluación antes de pasar a las técnicas de relajación que se describirán en esta guía. Es muy importante que comprenda el significado de conocer los síntomas de estrés que presenta. Podría decirse que, si aumenta su conciencia sobre estos síntomas, estar en una mejor posición para manejar eficazmente su estrés. Esto es algo que puede hacer cada vez que sepa que está mostrando algunos de los signos que se han discutido aquí.

No permita que el estrés y la ansiedad lo agobien mientras puede utilizar las técnicas de relajación descritas en esta guía para manejar su situación. Mereces ser feliz y te debes a ti mismo utilizar técnicas de relajación para calmar tu mente y encontrar la paz interior.

6

Guía de técnicas de respiración

RESPIRE PROFUNDAMENTE. Haga una pausa por un segundo y suéltelo. ¿Cómo te sientes después de eso? Puede notar que hay un alivio repentino de que su cuerpo atraviesa con una respiración tan profunda. Los ejercicios de respiración son una herramienta poderosa para ayudarlo a aliviar su estrés y ansiedad. Hacer que estos ejercicios forman parte de su rutina diaria puede marcar una gran diferencia en su capacidad para manejar el estrés y reducir sus niveles de ansiedad.

En este capítulo, obtendrá conocimientos sobre cómo utilizar la respiración para aumentar la conciencia de su yo interior.

También aprenderá a utilizar estos ejercicios de respiración para liberar la tensión en su cuerpo y relájate. Más importante aún, sabrá cómo reducir o aliviar los síntomas del estrés.

Introducción a la Respiración

Todos los días hay ciertas actividades en nuestra lista de tareas pendientes que consideramos normales.

Tendemos a pensar en algunas de estas actividades con frecuencia, por ejemplo, comer y beber. De hecho, si tiene sed, podría estar pensando en buscar un vaso de agua. El mismo caso se aplica si tiene hambre. Quizás esté pensando en su próxima comida.

Sorprendentemente, hay ciertas cosas que hacemos todos los días, pero no pensamos en ellas en absoluto.

¿Cuándo fue la última vez que pensaste en cómo estás respirando?

Quizás esto es algo que nunca piensa en ello a menos que tenga un fuerte resfriado o participe en una carrera de larga distancia. A menudo, la gente da por sentada la respiración. Lo interesante de la vida es que continúa incluso cuando no eres consciente de ello.

. . .

La respiración es fundamental para tu supervivencia.

Tu vida depende de ello. Con cada respiración que tomas, respiras vida: llevas oxígeno al cuerpo y liberan dióxido de carbono como producto de desecho.

Tus pulmones son los órganos responsables de tu respiración. Los pulmones son parte del sistema respiratorio.

Es posible que no vea sus pulmones, pero puede tenerlos funcionando fácilmente cada vez que inhala y exhala.

Coloque sus manos sobre su pecho. Inhala y exhala profundamente.

A medida que respira, su pecho se expande. A medida que exhala, su pecho vuelve a su tamaño habitual. La expansión y contracción de su pecho se debe a sus pulmones en acción.

Sabe cómo respirar, pero es probable que no esté aprovechando al máximo sus pulmones. Desafortunadamente, esto te deja desperdiciando cada respiro de energía extra que habrías aprovechado. No estás solo.

· · ·

La mayoría de las personas nunca son conscientes de su respiración. En la actualidad, los malos hábitos respiratorios son bastante comunes. Como se señaló anteriormente, es muy probable que nunca hayas pensado en la relación íntima que existe entre tu respiración, tu mente y tu cuerpo.

Vale la pena señalar que, al ser consciente de tu respiración, tienes el poder de transformar y fortalecer tanto tu mente como tu cuerpo. Los seres humanos son capaces de transformarse a sí mismos en un grado que supera la comprensión científica.

Desafortunadamente, la vida moderna ha llevado a la gente a los extremos y dan por sentada su respiración.

La gente corre día y noche para ganarse la vida y esto nos ha desconectado de nuestros cuerpos. El efecto negativo experimentado aquí es que olvidamos el regalo de respiración profunda y pacífica que se nos concedió al nacer.

Afortunadamente, nunca es demasiado tarde para empezar a escuchar a tu cuerpo. Los ejercicios de respiración que se describen aquí deberían ayudarlo a reconectarse con su cuerpo y mente, y cosechar los beneficios de la calma que obtenga.

. . .

Efectividad de la respiración para aliviar los síntomas del estrés y la ansiedad

Los ejercicios de respiración son una gran herramienta para estar más en contacto con su cuerpo, mente y espíritu.

La respiración consciente puede ayudar a traer su mente al momento presente. De la misma forma, esa respiración puede ayudar a llamar su atención sobre la energía de sus emociones. Cuando las emociones negativas parecen agobiarlo, la respiración consciente puede aumentar su conciencia de estas emociones y cómo lo están afectando.

Cada vez que está estresado, la energía negativa de sus emociones puede afectar enormemente. Afecta cómo se siente, reacciona y cómo toma decisiones. Con la ayuda de la respiración consciente profunda, puede desviar su atención de la energía negativa en su cuerpo. Esto ayuda a liberar el peso de estas emociones que pueden ser bastante debilitantes. La respiración consciente tiene otros beneficios, incluido el hecho de que ayuda a aumentar el flujo de oxígeno y el estado de alerta. Tu cuerpo también puede desintoxicarse más fácilmente cuando practicas respirar repetidamente durante el día.

. . .

Aunque respirar se considera lo más natural que se puede hacer, también es una habilidad que se mejora con la práctica constante.

Dominar el arte de respirar

No hay nada nuevo en los ejercicios de respiración. Lo único que harás aquí es respirar conscientemente mientras escuchas tu cuerpo y tu mente. Los beneficios de la respiración se pueden experimentar de inmediato, o también puede llevar algún tiempo notar un cambio en cómo se siente o cómo piensa. Con la práctica constante, comienza a cosechar los beneficios de la respiración consciente. El objetivo de esta guía es asegurarse de obtener los beneficios de respirar en 7 días o menos: es muy importante que desarrolle un programa de respiración diario que le sirva mejor.

Instrucciones

Esta sección está dividida en tres categorías para garantizar que le resulte fácil dominar el arte de respirar. Lo primero que vamos a comentar es la preparación.

¿Cómo te preparas para respirar?

· · ·

¿Qué pasos debe tomar para asegurarse de que se da cuenta de los beneficios de dicha respiración? Más importante aún, ¿cómo se prepara mentalmente para el proceso?

A continuación, veremos los conceptos básicos de la respiración. Aquí veremos los dos tipos de respiración: respiración torácica y respiración diafragmática. La última sección se enfocará en ejercicios de respiración para aumentar su conciencia y liberar la tensión de su cuerpo.

Fase de preparación

La respiración consciente exige que elijas un momento y un lugar adecuados en los que no te molesten. Dado que se encuentra en las etapas de aprendizaje, es fundamental que practique la respiración en un lugar tranquilo. También debe realizar estos ejercicios de respiración a la misma hora todos los días. Esto le facilitará el desarrollo de un hábito al que pueda ceñirse.

Después de dominar el arte, puede respirar en cualquier lugar, especialmente si se encuentra en una situación tensa.

Mientras se prepara para practicar la respiración todos los días, es importante que use su nariz y no su boca.

· · ·

Por lo tanto, si sus conductos nasales están bloqueados, debe encontrar una forma de limpiarlos. En los casos en que no pueda eliminarlos, use la boca.

Elija una posición relajada que sea mejor para usted.

Dependiendo de su propósito para respirar, puede establecerse en diferentes posiciones. Por ejemplo, si su objetivo es la relajación general, respire mientras está sentado. Si tiene la intención de calmarse para dormir, la mejor posición sería acostada.

Una buena postura es clave para asegurar que relajes tu cuerpo y tu mente.

No se limite a asumir cualquier posición sentada.

Esfuércese por una posición cómoda donde su columna esté bien apoyada y sus brazos y piernas estén estirados.

Como principiante, considere practicar la respiración mientras está acostado. Esto se debe a que es más fácil para usted relajar su cuerpo y mente mientras está en esta posición.

Gradualmente, puede intentar respirar mientras está sentado. Pero date el tiempo suficiente para que domines cómo calmar tu cuerpo y tu mente mientras estás en esta posición.

Hay dos posiciones que puede asumir mientras está acostado. Puede acostarse con las rodillas dobladas o con las piernas estiradas y ligeramente separadas. Sin embargo, la mejor posición es con las rodillas ligeramente flexionadas, ya que te ofrece una postura corporal relajada, lo que facilita la calma de tu mente mientras te concentras en la respiración.

Es importante que elija la posición relajada que más le convenga. Antes de comenzar el ejercicio, tómese unos minutos para escanear su cuerpo para determinar si ha asumido la postura correcta. Mientras hace esto, alivie la tensión de su cuerpo mientras se desplaza hacia la mejor posición. El punto es ponerse lo más cómodo posible.

Conceptos básicos de respiración

¿Cómo respiras?

1. Primero, es importante evaluar cómo respira actualmente. Para hacer esto, comience por cerrar los ojos, luego coloque su brazo izquierdo sobre su abdomen cerca de la cintura. Pon tu brazo derecho sobre tu pecho, en el centro.
2. Presta atención a cómo respiras sin cambiar nada. El punto aquí es notar cómo el aire entra y sale de su cuerpo a través de la nariz (o la boca).

3. Aumente su conciencia de cómo el aire llena sus pulmones cuando inhala. Una vez más, observe cómo sale el aire de sus pulmones mientras exhala.

4. Mientras inhala y exhala, observe el movimiento de sus manos. ¿Qué mano se mueve hacia arriba y cuál hacia abajo?

Si la mano colocada en su abdomen (brazo izquierdo) se eleva más en comparación con la de la derecha, entonces está respirando diafragmáticamente.

Por el contrario, si la mano sobre su pecho se mueve más, entonces está respirando por el pecho.

Respiración diafragmática

El diafragma se refiere a un gran músculo en forma de cúpula que se encuentra en la base de los pulmones.

Usar el diafragma correctamente para respirar le ayuda a beneficiarse de los ejercicios de respiración.

Con la respiración diafragmática, los músculos abdominales se utilizan para proporcionar más potencia al músculo del diafragma para que puedan vaciar de manera eficiente sus pulmones.

Entonces, ¿qué es la respiración diafragmática? Básicamente, esto se refiere a un tipo de respiración destinada a garantizar que use el diafragma correctamente mientras respira. Esto se traduce en beneficios como:

- Fortalecimiento del diafragma.
- Disminución de la demanda de oxígeno.
- Menos esfuerzo y energía.
- Disminuir la frecuencia respiratoria.

Dominar la técnica

1. Adopte una posición acostada ya sea en su cama o sobre una superficie plana.
2. Use una almohada para sostener su cabeza y sus rodillas de modo que adopte una posición de vida con las rodillas dobladas.
3. Coloque su mano izquierda sobre su pecho y la mano derecha justo debajo de la caja torácica. Esta posición le permitirá notar cómo se mueve el diafragma mientras inhala y exhala.
4. Ahora, respire hondo lentamente por la nariz. Mientras inhala, observe cómo se eleva la mano sobre su abdomen. Asegúrese de no mover la mano sobre su pecho.
5. Exhala por la nariz. También puede exhalar a

través de los labios fruncidos. Esto le permite reducir la velocidad de su respiración.

6. Una vez que sepa cómo utilizar esta técnica, puede reducir la velocidad de su respiración. Esto se puede hacer a través de su esfuerzo consciente para saber que está prestando atención a su respiración. No tiene que fruncir el ceño mientras realiza este ejercicio de respiración. Relajarse. Sonreír. Observe los movimientos del cuerpo al inhalar y exhalar. Escuche a su cuerpo. Mientras exhala a través de sus labios fruncidos, preste atención al sonido y la sensación del aire caliente cuando sale por sus labios.

7. Los sentimientos, sensaciones y todo tipo de pensamientos pueden fluir a su mente y esto podría distraerlo. No te resistas. Note la presencia de estos pensamientos y emociones y suavemente vuelva a concentrarse en su respiración.

8. Respirar diafragmáticamente durante aproximadamente 5-10 minutos.

9. Al final de este ejercicio, haga una pausa para reflexionar sobre cómo te sientes.

Se recomienda encarecidamente que escanee su cuerpo al inicio y al final del ejercicio. Esto le da la oportunidad de comparar cómo se sentía antes y cómo se siente después del ejercicio.

· · ·

Como respirador novato, se recomienda que realice la respiración diafragmática mientras está acostado. Una vez que haya practicado lo suficiente, puede practicar la respiración sentado en una silla.

Respiración diafragmática en una silla

1. Busque una silla cómoda para sentarse. Tus rodillas deben estar dobladas con tu espalda, hombros y cuello relajados.
2. Coloque sus manos en su pecho y en su caja torácica tal como lo hizo en los ejercicios anteriores.
3. Respire hondo lentamente por su nariz. Mientras hace esto, observe cómo se mueven sus manos.
4. Exhale por la nariz o por los labios fruncidos.
5. Recuerde concentrarse en su respiración mientras se esfuerza por notar sus pensamientos, emociones y sensaciones que le llegan. El objetivo es hacer que su mente se concentre en su respiración, independientemente de lo que pueda sentir o pensar.

Nota: Al principio, es posible que la respiración diafragmática no le resulte fácil. De hecho, es posible que se canse durante los primeros intentos. Sin embargo, es muy importante que continúe practicando a medida que mejore con el tiempo.

· · ·

Entonces, ¿con qué frecuencia debes practicar este tipo de respiración? Empiece a practicar este ejercicio de respiración durante unos 5-10 minutos. Esto puede hacerse 3-4 veces al día.

Con el tiempo, aumenta la cantidad de tiempo a unos 20 minutos. Una vez que sea bueno en eso, puede colocar un libro sobre su abdomen mientras sus manos están estiradas a ambos lados.

Respiración para una mayor conciencia y liberación de tensión

Respiración consciente para una mayor conciencia

La respiración consciente es otro ejercicio de respiración que puede utilizar para aumentar su conciencia y llevar su mente al momento presente. Básicamente, la respiración consciente se trata de concentrarse en la respiración. Este ejercicio puede ser hecho de pie o acostado. El punto es encontrar una posición cómoda en la que pueda concentrarse fácilmente sin distraerse.

Sus ojos pueden estar abiertos o cerrados al realizar este ejercicio.

. . .

Sin embargo, para asegurarse de no tener problemas para concentrarse, es muy recomendable cerrar los ojos.

Con respecto al tiempo, es de gran ayuda programar su ejercicio de respiración consciente. Cuando dedicas algo de tiempo para practicar este ejercicio, significa que lo harás conscientemente, pero esto no debería impedirte practicarlo cuando te sientas ansioso o estresado durante el día.

Cuando se enfrente a una situación estresante, haga un esfuerzo deliberado por tomar una respiración exagerada. Inhale por la nariz y haga una pausa de unos 2 segundos. Exhale por la boca mientras permite que todo el aire que había inhalado salga por los labios fruncidos. Mientras inhalas y exhalas, note cualquier cambio corporal sin intentar cambiar nada. Por ejemplo, preste atención a la subida y bajada de su pecho o la sensación de sus fosas nasales cuando el aire entra y sale. Es posible que su mente divague mientras hace esto. Está bien. No te resistas. Más bien, observe que esto sucede y cambie suavemente su enfoque de nuevo a su respiración.

Para que le resulte más fácil practicar la respiración consciente, a continuación, se muestran los pasos que debe seguir.

1. Encuentra un lugar tranquilo donde puedas practicar la respiración consciente sin interrupciones. Póngase cómodo sentándose en el suelo o en una silla. Si decide sentarse,

asegúrese de que su espalda está erguida. Deje que sus brazos descansen en cualquier lugar siempre que se sienta cómodo.

2. Escuche y conecte con su cuerpo. Escanee su cuerpo mientras nota su forma mientras se mueve de la cabeza a los pies. Relaje los puntos en los que sienta que hay tensión. Siente curiosidad por tu cuerpo. Siente las sensaciones y la conexión con el entorno que te rodea. Sólo respira.

3. Ahora, escuche su respiración. Simplemente sienta el flujo natural de cómo inhala y exhala. No cambie nada sobre su respiración. Solo observe lo hermoso que es tomar aire y luego dejarlo salir de su sistema. Presta atención a los lugares donde puedes sentir tu respiración: tu pecho, tu abdomen, tus fosas nasales. Respire a la vez mientras intenta conectar con cada respiración.

4. En el proceso de escuchar a tu cuerpo con todo el silencio a tu alrededor, tu mente puede divagar. Hay muchas cosas en tu mente y no puedes culparte a ti mismo si tu mente está divagando, pensando en cosas que no están en el momento presente. Es normal que esto suceda. Incluso las personas que han meditado durante años a menudo encuentran sus mentes divagando. Entonces, no te preocupes porque no puedes dejar de pensar en otras cosas. Observe que su mente está divagando susurrando "divagando" o "pensando dentro de su cabeza.

Esto aumenta su conciencia de lo que está sucediendo a su alrededor tanto física como mentalmente. Cambie suavemente su enfoque hacia atrás a la respiración.

5. Mantenga su enfoque durante unos 5-10 minutos. Asegúrese de notar su respiración. Si su mente vuelve a divagar, llévela de regreso al punto de enfoque sin resistirse a que le lleguen pensamientos o sensaciones.

6. Respire profundamente al finalizar su ejercicio. Tómese unos minutos para notar cómo se siente. Escanee su cuerpo para sentir los cambios positivos que ha experimentado. Continúe relajándose durante unos minutos mientras deja que su cuerpo se relaje aún más. Ahora agradece que haya encontrado tiempo para practicar este ejercicio de respiración.

Otras técnicas de respiración

Además de las técnicas de respiración comunes que se han descrito anteriormente, existen otras técnicas que puede utilizar para reducir el estrés o la ansiedad.

Algunos de estos ejercicios son atractivos y es posible que le resulte fácil practicarlos todos los días.

Aliento de León

. . .

Este es un ejercicio de respiración dinámica que ayudará a aliviar las tensiones en la cara y el pecho.

Los entusiastas del yoga a menudo denominan este ejercicio como "simhasana" o simplemente, postura del león.

Cómo hacerlo:

1. Encuentra un lugar cómodo y tranquilo para sentarse. Puede cruzar las piernas o sentarse sobre los talones.
2. Separe las piernas y presione las palmas de las manos contra las rodillas. Separe bien los dedos mientras asume esta posición.
3. Respire hondo a través de su nariz mientras abres bien los ojos.
4. Mientras inhala, abra bien la boca. Deja que tu lengua sobresalga y déjala caer hasta tu barbilla.
5. Exhala por la boca. Al hacer esto, haga un sonido "ha". Debe ser un sonido largo, como si estuvieras imitando a un león.
6. Repita este ejercicio dos o tres veces.

¿Cuándo deberías practicar el aliento de león?

Este ejercicio de respiración es más adecuado para momentos en los que se busca energía para hacer algo.

. . .

Tal vez se despertó sintiéndose de mal humor o cansado. Este ejercicio de respiración puede ser una excelente manera de concentrarse y evitar la postergación.

4-7-8 Respiración

La respiración 4-7-8 también se denomina "respiración relajante". Tal como sugiere su nombre, esta es una técnica de respiración simple que implica inhalar durante 4 segundos, contener la respiración durante 7 segundos y exhalar durante 8 segundos.

Una de las principales ventajas de esta técnica es que ayuda a reducir los niveles de ansiedad. De manera similar, este ejercicio se puede realizar cuando se busca dormir un poco después de un día largo y agotador.

Puede parecer una locura, pero los defensores argumentan que este ejercicio de respiración puede hacerte dormir en 1 minuto.

Hay varios beneficios que puede obtener practicando la respiración 4-7-8, que incluyen reducir la ansiedad, controlar los antojos, dormir un poco y controlar las respuestas de ira.

· · ·

Cómo hacerlo:

Antes de comenzar este ejercicio, busque una posición cómoda para tomar. Coloque la punta de la lengua en el paladar justo detrás de los dientes frontales. Después de eso, concéntrate en el siguiente patrón:

1. Empiece por vaciar sus pulmones exhalando.
2. Ahora inhale lentamente por la nariz durante 4 segundos.
3. Aguante la respiración durante 7 segundos. Contar hasta 7.
4. Después de eso, frunce los labios y exhala con fuerza por la boca. Haga un sonido de "zumbido" mientras lo hace durante 8 segundos.
5. Repita el proceso 4 veces.

Entonces, ¿con qué frecuencia debe usar esta técnica de respiración? Para empezar a notar los beneficios en días, considere practicar esta técnica al menos dos veces al día. Después de este ejercicio, es posible que se sienta mareado, especialmente si lo hace por primera vez. Como tal, se recomienda encarecidamente que realice este ejercicio mientras está acostado o sentado. Esto evitará caídas o mareos.

Cuanto más practique la técnica de respiración 4-7-8, antes obtendrá sus beneficios. Debe recordar mantener la proporción correcta como se indica en los pasos aquí descritos.

· · ·

Conteo de respiración

Otra técnica de respiración común es contar la respiración. Es un ejercicio de respiración eficaz que puede ayudar a controlar el estrés.

1. Siéntese cómodamente en el suelo o en una silla. Mantenga la cabeza erguida y la espalda recta. Asegúrese de no asumir una posición rígida. También es importante que use algo cómodo. Sin cinturón apretado, ni zapatos.

2. Cierre los ojos y realice una exploración corporal. Note cualquier tensión alrededor de su cuerpo. Escanee de la cabeza a los pies y suelte cualquier tensión que lo deje rígido.

3. Relájate y respira. Usando diafragma, respire hondo lentamente por la nariz. Para asegurarse de no respirar rápido, imagine tener un pequeño globo debajo de su ombligo. Ahora, imagínese inflando este globo lentamente con cada respiración.

4. Con su respiración como su punto de enfoque, por cada respiración que inhale, cuéntela como "una". Exhale lentamente. Cuando inhale por segunda vez, cuente esto como "dos". Continúe haciendo esto a la cuenta de cinco.

Para evitar que su mente divague, se recomienda contar hasta cinco. Si continúa contando más allá de eso, es probable que pueda pensar en otras cosas, por lo que es bueno que sea breve para obtener los mejores resultados.

Los ejercicios de respiración pueden ayudar a obtener un efecto calmante, ya que su frecuencia cardíaca se ralentizará naturalmente, lo que lo ayudará a obtener un efecto opuesto a la respuesta de lucha o huida. Al lidiar con el estrés y la ansiedad, su respiración puede ser una gran herramienta para ayudarlo a relajarse.

Quizás se pregunte cuándo es el mejor momento para practicar estos ejercicios de respiración. Las técnicas de respiración se pueden realizar en cualquier momento del día. Un ejercicio de respiración puede durar menos de cinco minutos. Esto significa que puede practicar la respiración en cualquier momento que se sienta ansioso o estresado. Estos ejercicios le ayudarán a relajarse. En lugar de reaccionar ante una situación, responderá a ella de la mejor manera posible.

Sin embargo, se recomienda que practique ejercicios de respiración por la mañana. La madrugada es un momento especial del día. Si vives en un vecindario tranquilo, es posible que notes los pájaros cantando dando la bienvenida al nuevo día. De hecho, vale la pena regocijarse por un nuevo día. Durante este tiempo, su mente también se está preparando para su rutina diaria. Comenzar el día con una nota alta tiene un profundo impacto en cómo abordará su día. Estará lleno de energía desde que comenzó su día con una nota positiva. Con la mente y el cuerpo relajados, abordará todo desde una perspectiva más positiva. A la larga, esta mentalidad transformará tu vida ya que valorarás la importancia de ganar tu día por la mañana. En general, no olvide respirar cuando se enfrente a una situación estresante o cuando sus niveles de ansiedad aumenten.

7

Guía de técnicas de exploración corporal

EL ESTRÉS y la ansiedad pueden hacer que se sienta tenso con mucha incomodidad en su cuerpo. Lamentablemente, nuestros factores estresantes cotidianos pueden ser tan abrumadores que ignora la incomodidad física que puede estar experimentando. Siente dolor en los hombros o experimenta dolores de cabeza con frecuencia, pero los considera normales después de un día tedioso. Es importante darse cuenta de que la incomodidad física que está experimentando podría estar relacionada con su estado emocional. La meditación de escaneo corporal es una excelente manera de aliviar el estrés y la ansiedad de su cuerpo y mente.

Esta práctica no solo lo ayuda a relajarse, sino que tiene como objetivo aumentar la conciencia de su cuerpo de la cabeza a los pies. A través de su mayor conciencia, puede liberar la tensión de tu cuerpo.

· · ·

¿Qué es la meditación de exploración corporal?

La práctica de exploración corporal es un tipo de ejercicio de meditación que explora su cuerpo de la cabeza a los pies. Esta técnica se considera la forma más eficaz de iniciar la meditación de atención plena. Al escanear su cuerpo de la cabeza a los pies, aumenta su conciencia de cada parte del cuerpo, relajando las áreas de tensión. Durante esta práctica de meditación, su mente se traslada al momento presente a medida que está más atento a su cuerpo. La combinación de este beneficio con la ventaja de relajación que obtiene hace que esta técnica sea un poderoso calmante para el estrés y la ansiedad.

El objetivo de un escaneo corporal es ayudarlo a conectar más con tu cuerpo y reconectar con su aspecto físico. Serás más consciente de las sensaciones que estás sintiendo. Entrenar su mente para permanecer en el presente será útil en todas las facetas de su vida. Serás más tolerante, aprenderás a expresar gratitud por las cosas que suceden en tu vida; en general, vivirás conscientemente y esto te llevará a vivir una vida feliz y plena.

Dominar la práctica del escaneo corporal

Meditación de exploración corporal de 3 minutos

. . .

Para asegurarse de que le resulte fácil concentrarse en la meditación de escaneo corporal, comenzaremos con una breve práctica de escaneo corporal. Este escaneo se puede realizar mientras está sentado, acostado o en cualquier otra postura, siempre que se sienta cómodo.

1. Siéntese o acuéstese cómodamente. Preste atención a su cuerpo al comenzar este escaneo.
2. Cierre los ojos si le resulta difícil enfocar.
3. Sienta el peso de su cuerpo presionando el piso o la silla.
4. Respire profundamente por la nariz y exhale por la boca.
5. Concéntrese en cómo se siente su cuerpo. Comience en la parte superior de su cabeza.
6. Continúe escaneando su cuerpo a medida que observe áreas tensas, rígidas e incómodas.
7. No intente cambiar nada. El punto es conectar con tu cuerpo y observar cómo se siente cada parte.
8. Escanee su cuerpo, una sección a la vez hasta llegar a los dedos de los pies.
9. Observe la presencia de su cuerpo y respire hondo.
10. Exhale a través de sus labios fruncidos mientras abre los ojos.

Este escaneo corporal de tres minutos puede ayudarlo a regresar al presente, especialmente cuando siente que hay muchas cosas en su mente. No te dejes rumiar ya que puedes aprovechar esta técnica. Puede manejar el estrés y la ansiedad de manera efectiva si desarrolla el hábito de estar presente.

Meditación de exploración corporal de 10 minutos

Esta práctica de exploración corporal debería llevarle unos 10 minutos. Antes de comenzar este ejercicio, asegúrese de tener suficiente tiempo para relajarse.

Elija un lugar cómodo y tranquilo para realizar este escaneo corporal.

1. Ponte cómodo.
2. Cierre los ojos.
3. Traiga conciencia a su cuerpo respirando profundamente a través de su nariz. Exhale suavemente. Observe la posición de su cuerpo en su espacio. Preste atención a cómo su cuerpo toca el piso o el asiento que está usando. Tómese unos minutos para asegurarse de conectarse profundamente con su cuerpo.
4. Cuando esté listo, respire profundamente otra vez. Observe lo cálido que está el aire corriendo por la nariz hasta los pulmones.
5. Cambie suavemente su enfoque a su cuerpo. Comience desde la parte superior de su cabeza mientras pasa de una sección a otra. Uno a la vez. También puede comenzar desde los dedos

de los pies y avanzar hacia la parte superior del cuerpo. Preste atención a cualquier sensación que pueda sentir y déjela ir. Continúe con los pies lentamente y suba hasta los tobillos, pantorrillas, etc. Continúe concentrándose en las partes individuales de su cuerpo sin intentar cambiar nada. Solo necesita ser consciente de cómo se siente y cómo se siente su cuerpo.

6. Las sensaciones en su cuerpo pueden variar de un extremo al otro. Puede sentir presión en otras partes, mientras que es posible que sienta calambres, frío, opresión o una sensación de hormigueo en los demás. Es posible que no sienta estas sensaciones y que sienta que su cuerpo se siente neutral. Aceptarlo. Está bien si esto es lo que sientes. Vaya con la sensación que está experimentando y continúe escaneando su cuerpo.

7. Esfuércese por sentir curiosidad por lo que sucede en su cuerpo. Haga un esfuerzo deliberado para notar cómo se siente cada parte del cuerpo antes de pasar a la siguiente.

8. Es posible que pierda el enfoque mientras continúa escaneando su cuerpo. Observe cómo está sucediendo esto, pero no haga ningún juicio. No se frustre por no poder concentrarse por completo. Es normal que su mente divague. Cambia tu enfoque de vuelta a su objeto de enfoque, su cuerpo. También puede hacer que su mente vuelva a concentrarse prestando atención a su respiración. Intente contar su

respiración, ya que esto evitará que su mente divague.

9. Cuando sienta que ha realizado una exploración de cuerpo completo, abra los ojos con atención.

10. No se apresure a levantarse y salir de la habitación. Sea consciente de cómo se siente y de su entorno. Observe cómo se ve la habitación, observe los muebles, las paredes y cualquier cosa a su alrededor. Vea estas cosas como si las notara por primera vez. Ahora estás relajado. Estás en paz contigo mismo. Ahora extiende estos buenos sentimientos a cómo afrontas tu día.

Este escaneo corporal de 10 minutos se puede realizar en cualquier momento del día. Sin embargo, se recomienda encarecidamente que programe a tiempo para este ejercicio. Considérelo una reunión crucial que debe tener consigo mismo. Debe darse cuenta de que su día puede estar tan lleno que es posible que no recuerde realizar un escaneo corporal. En algunos casos, es posible que se apresure a realizar esta práctica mientras su mente está ocupada pensando en cómo volverá a trabajar. En consecuencia, es muy importante encontrar un momento adecuado para hacer un escaneo corporal de meditación.

Potente meditación de exploración corporal de 20 minutos

. . .

Empiece este ejercicio poniéndose cómodo. Puede elegir acostarse en el suelo o sentarse en una silla: asegúrese de sentirse cómodo para que pueda lograr el enfoque que se requiere para esta meditación de exploración corporal.

Encuentre un entorno que no permita que su mente divague. Es crucial que realice este escaneo corporal en un momento en el que haya poca o ninguna interrupción por parte de los miembros de su familia. Apague todos los dispositivos electrónicos que puedan distraerlo. Considere este tiempo como su "tiempo para mí". Un momento para concentrarse en uno mismo.

Una oportunidad para reconectar con tu mente, cuerpo y alma, un momento especial para el cuidado personal: no debes darlo por sentado.

Es importante no intentar forzar las cosas. No se esfuerce por relajarse. Hacer esto solo creará tensión.

La mejor forma de relajarse es aceptar todo lo que sucede a tu alrededor. Toma conciencia de cada momento que pasa. Deja de querer arreglar las cosas.

Todos tenemos la tendencia a intentar cambiar las cosas que suceden a nuestro alrededor.

. . .

Evite esto asegurándose de permitir que las cosas sean como están.

Siga estas instrucciones mientras se toma el tiempo para notar cualquier actividad de la mente y el cuerpo.

Trátese con amabilidad. No sea demasiado crítico con sus pensamientos y deje de juzgar. Solo toma conciencia y acepta las cosas como son.

Tenga en cuenta que no existe una manera perfecta de sentirse mientras realiza este escaneo corporal. No hay nada de malo en cómo te sientes. Está bien sentir cómo se siente. Por lo tanto, no es necesario que intentes cambiarlo para que te sientas bien. Comprende la importancia de la aceptación. Permítase sentir cómo se siente y darse cuenta de que está totalmente bien.

Ahora, cierre suavemente los ojos si se siente cómodo meditando con los ojos cerrados. Continúe para sentir la posición de su cuerpo. Considera la silla o el tapete que lo sostiene del suelo.

Lleva tu atención lentamente a tu respiración.

. . .

Toma conciencia de cómo estás respirando sin intentar cambiar nada. Solo escuche a su cuerpo inhalar y exhalar. Observe cómo se mueve su cuerpo al inhalar y exhalar. Mientras inhala, observe cómo se eleva su pecho. Y mientras exhala, observe que su pecho cae. Siga el ritmo de su respiración mientras aprecia lo bien que se siente respirar naturalmente y estar vivo.

Con cada respiración que toma, sus pulmones se llenan de aire caliente. Mientras exhala, permita que su cuerpo descanse aún más. Su mente podría distraerse.

Observe cuándo está sucediendo esto y devuelva su atención al punto de enfoque; tu respiración.

Ahora exhale profundamente mientras cambia suavemente su enfoque hacia su cuerpo. Baje a su pie izquierdo y centrarse en el dedo gordo del pie. Preste atención a cualquier sensación que pueda sentir aquí.

¿Tiene frío o calor? Sienta el roce de los calcetines o las medias en sus pies. Quizás no sienta nada. Esté allí y observe lo que está pasando. Mueva su atención del dedo gordo del pie a los otros dedos de su pie izquierdo. Tenga cuidado con las uñas de los pies y la piel. ¿Cómo te sientes entre los dedos de los pies?

. . .

Ahora dirija su atención al talón de su pie izquierdo.

Note el contacto que tiene con la alfombra o el piso.

Cambie gradualmente su enfoque hacia la parte superior del pie. Sienta el cambio de piel y la temperatura circundante. Asegúrese de notar todas las sensaciones aquí, incluidos los huesos. Respire profundamente.

Imagínese respirando con el pie izquierdo. Inhale y exhale como si pudiera usar el pie para respirar. A medida que inhala, el aire fresco le aportará una sensación de frescura.

Y mientras exhala, libera cualquier opresión o tensión en esta parte del cuerpo. Deje ir.

Subiendo, concentre su atención en el tobillo. Toma conciencia de los tendones, los huesos y la piel. ¿Cómo se siente? Respire profundo y fresco en esta parte y exhale para liberar cualquier tensión que pueda sentir.

Recuerde, es posible que no sienta nada. Está bien no sentir nada. Comprenda esto y pase a la siguiente parte de su cuerpo.

· · ·

Concéntrese en la pierna izquierda, justo por encima del tobillo. Sienta su contacto con el piso o la alfombra que lo sostiene por encima del suelo. Toma conciencia de la espinilla, el músculo de la pantorrilla y la piel que los rodea. Presta atención a cualquier sensación aquí. Inhala y exhala profundamente.

Explore el área de la rodilla. Concéntrese en la articulación de la rodilla izquierda.

Examine cómo se siente en la rótula, la bisagra, el cartílago, luego muévase al área de la parte inferior.

¿Hay sensaciones aquí? Dirija su atención a estas sensaciones. Respire algo de frescura en esta área y luego exhale para liberar la tensión. Asegúrese de no juzgar ningún sentimiento que pueda estar experimentando.

Esté presente con el sentimiento, libere la tensión y siga adelante.

Sube a tu muslo izquierdo. Siente el músculo de la pierna aquí y la piel. Puede concentrarse más y sentir cómo circula la sangre alrededor de esta área. Podría haber algo de pesadez, ya que los muslos tienen un gran músculo. Sea consciente del hueso del muslo y observe cómo se asienta en su cavidad.

Respire profundamente mientras permite que una sensación de frescura llene su pierna izquierda desde la parte inferior hasta el área del muslo.

Exhale cualquier forma de tensión que pueda quedar fuera. Libera el cansancio que puedes estar sintiendo.

Relájese.

Ahora vuelva a centrar su atención en el fémur y realice una transición suave hacia la cadera derecha.

Muévase hasta el pie derecho y comience a escanear su cuerpo desde el dedo gordo de este pie. Cómo te sientes aquí Esté presente aquí y no haga nada para cambiar cómo se siente.

Cambie lentamente su enfoque hacia los otros dedos.

Observe cómo se siente alrededor de las uñas de los pies y la piel. ¿Cómo te sientes entre los dedos de tus pies? Sea consciente de cualquier sensación que pueda estar experimentando mientras hace un esfuerzo deliberado para desviar su atención hacia la parte anterior del pie.

Muévase al arco de su pie derecho, luego al talón.

Haga una pausa aquí para notar cómo la piel del talón es diferente. Luego, muévase a la parte superior del pie derecho. Sienta la diferencia al concentrarse en los huesos de esta zona. Ahora extiende tu enfoque para incluir todo el pie derecho. Respire profundamente el aire fresco y exhale la tensión o cualquier forma de opresión.

Concéntrese en el tobillo derecho. Toma conciencia de la piel, los huesos, los tendones. Mueva gradualmente hacia la pierna derecha a medida que sienta el bombeo de sangre alrededor de esta área. Toma conciencia de la piel, el músculo de la pantorrilla, la espinilla. Dirija lentamente su atención a la rodilla derecha. Examina esta zona durante unos segundos conectando con cualquier sensación que pueda haber aquí.

Mientras continúa sintiendo la pulsación de la circulación sanguínea en su sistema, muévase lentamente con el flujo hacia su muslo derecho. Explore la sensación del músculo y del fémur.

Respire algo de frescura en esta zona de su cuerpo. Exhale para liberar toxinas y congestión. Relájese.

· · ·

Ahora lleve su enfoque al área media de tu cuerpo, el cuenco pélvico. Preste atención a los huesos de su cadera. Toma conciencia de los órganos ubicados alrededor de esta parte del cuerpo. La vejiga, los órganos reproductores y los intestinos. Observe cómo sus glúteos le brindan apoyo en el suelo. ¿Cómo te sientes en esta zona? Tal vez se sienta pesado o ligero, o tal vez sienta algo de tensión.

Mueva su atención hacia arriba desde la espalda baja hasta la columna. Preste atención a cada centímetro de su columna mientras nota cómo se siente cada vértebra. Sea consciente de los músculos de su espalda, su piel y cualquier sensación alrededor de esta área. Permita que los músculos de la espalda se relajen con cada respiración que inhale.

Con cuidado, concentre su atención en el área media de la espalda, donde se encuentran los riñones.

Preste atención al área de la caja torácica. Sea consciente de la expansión y contracción de la caja torácica al inhalar y exhalar. Observe dónde se conecta la caja torácica con la columna, en la parte posterior de los pulmones, la parte posterior del corazón o cerca de los omóplatos. Mientras hace esto, muévase hacia el área donde la columna se conecta con el cráneo.

. . .

Respire profundamente para expandir toda la zona de la espalda. Deje que la frescura llene esta área y suelte cualquier tensión. Exhale y permita que su espalda descanse más en el piso o en la silla en la que está sentado.

Dirija su atención a su pecho. Continúe sintiendo la expansión y contracción de la caja torácica mientras inhala y exhala. Concéntrese en cómo la caja torácica también se mueve desde los lados debajo de las axilas.

Tome conciencia de cómo el corazón está amortiguado entre los pulmones. Al hacer esto, observe cómo los pulmones y el corazón trabajan juntos para ayudarlo a respirar oxígeno y exhalar dióxido de carbono.

Ahora, lentamente, dirija su atención hacia los músculos del pecho y los senos. Observe cómo se siente la piel aquí. Respire profundamente, trayendo energía rejuvenecida dentro de usted. Llena tus pulmones de nueva energía y exhala liberando cualquier opresión en tu interior. ¿Cuáles son algunas de las emociones que siente en esta área? Puede que sienta algo o no. No se esfuerce por cambiar nada si no siente nada. Del mismo modo, si hay emociones que van y vienen, simplemente fíjate en ellas y sigue adelante. Mantente alerta y no juzgues.

Pasa a tus brazos. Empiece por concentrarse en las yemas de sus dedos. Toma conciencia de la sensación en la punta de tus dedos. ¿Quizás sientes algo de sequedad o humedad?

¿Qué hay de la piel, las uñas, los nudillos, las articulaciones, las palmas? ¿Cómo te sientes en esta zona? Inhala un poco de frescura en esta área de su cuerpo y exhale liberando cualquier presión o tensión que pueda sentir.

Continúe con la exploración aumentando su conciencia hacia la parte superior del brazo, los hombros, la garganta, la parte posterior de la cabeza y las mejillas. Es importante que preste atención a todas las sensaciones que pueda sentir alrededor de estas áreas. Mientras explora estas áreas, asegúrese de mantener su mentalidad neutral. Por cada respiración profunda que tome, considérelo como su forma de respirar energía fresca en la parte de su cuerpo en la que se está concentrando. Cuando exhala, libera tensión y toxinas de su cuerpo.

A medida que se acerca al final de este escaneo corporal de 20 minutos, suelte cualquier control que pueda tener. Permítete estar quieto, inhalando y exhalando libremente mientras notas tu entorno. Tu aceptación de cómo son las cosas es una forma de curación que se obtiene a través de la meditación de exploración corporal. Como tal, es importante aceptar tu mundo tal como es sin intentar cambiarlo.

Toma una perspectiva de tercer ojo y mírate a ti mismo como un ser completo, digno de vivir la mejor vida posible. Vea la plenitud de su capacidad para vivir y amar a quienes le rodean. Date cuenta de que ahora estás completamente despierto y relajado. No tenga prisa por levantarse y salir de la habitación.

Tómese unos minutos para llamar la atención sobre su cuerpo. Note el buen sentimiento que fluye dentro de usted en este punto. Estírate suavemente. Cuando esté listo, felicitarse por tomarse el tiempo para concentrarse en usted mismo. Reanude sus actividades basándose en la buena sensación que obtuvo con esta técnica de relajación.

8

Guía de técnicas de relajación progresiva

LA RELAJACIÓN muscular progresiva (PMR) es una técnica de relajación eficaz que se utiliza a menudo para controlar el estrés y la ansiedad. También puede ayudar a aliviar el insomnio y los síntomas del dolor crónico. La idea básica detrás de esta forma de relajación es que implica tensar o tensar los músculos, un área a la vez, seguido de la relajación de estos músculos para liberar la tensión. Cuando se enfrenta al estrés y la ansiedad, es común sentir que sus músculos están tensos casi durante todo el día. La práctica de la PMR te ayudará a notar que hay una gran diferencia entre los músculos tensos y relajados.

Algunos expertos médicos utilizan PMR junto con técnicas de terapia cognitivo-conductual. Sin embargo, esto no significa que usar PMR solo no sea efectivo.

· · ·

Una vez que domine esta técnica de relajación, tendrá una mayor sensación de control sobre cómo responde su cuerpo al estrés y la ansiedad.

Preparándose para la relajación

La preparación para cualquier técnica de relajación exige que se reserve un tiempo para completar el ejercicio sin distracciones. Esto se aplica cuando está a punto de practicar la relajación muscular progresiva. El ejercicio durará unos 15 minutos. Asegúrese de encontrar un lugar tranquilo y pacífico para practicar PMR.

Durante los primeros días, es fundamental que practique esta técnica al menos dos veces al día. Esto garantiza que dominará la técnica de relajación lo antes posible. Recuerde, cuanto más rápido lo domine, mejor.

Manejará eficazmente su ansiedad y estrés. Lo ideal es afrontar cada día lleno de energía y optimismo. Esto es algo que las personas que están ansiosas o estresadas encuentran imposible de lograr.

Hay algunas preocupaciones que debe tener en cuenta al practicar PMR. ¿Sufres de alguna lesión física? Si tiene antecedentes de lesiones físicas que podrían provocar dolor muscular o calambres, es fundamental que hable con su médico sobre los ejercicios que estaría realizando.

. . .

También es vital que seleccione un entorno ideal para practicar esta técnica. Minimice o evite las distracciones de sus cinco sentidos. Comience apagando la televisión, la radio y cualquier aparato eléctrico que pueda distraerlo. Ajuste su iluminación lo más suave si es posible, ya que esto le proporcionará un ambiente adecuado para concentrarse.

La comodidad es clave para una relajación muscular progresiva exitosa. Encuentra una silla que te haga sentir cómodo.

Su espalda debe estar erguida y su cabeza debe estar bien apoyada. Use ropa holgada para evitar molestias. Si es posible, considere quitarse los zapatos.

Debes practicar PMR mientras tu mente y tu cuerpo estén tranquilos y frescos. Su capacidad de concentración podría verse afectada después de ingerir una comida copiosa. En consecuencia, se recomienda no practicar después de una gran comida. El mismo caso se aplica a los intoxicantes, como el alcohol. Debes darte cuenta de que no puedes enfocarte con precisión con una mente intoxicada. Por lo tanto, asegúrese de hacerlo con una mente fresca.

Instrucciones:

. . .

La tensión muscular a menudo se asocia con ansiedad, estrés y ataques de pánico. Esta es la forma natural en la que nuestro cuerpo responde a situaciones potencialmente peligrosas. Es posible que algunas de estas situaciones no pongan en peligro la vida, pero nuestros cuerpos generalmente reaccionan de la misma manera. De esto es de lo que hablamos al principio de este manual. Es la respuesta de lucha o huida.

Desafortunadamente, un buen número de personas no son conscientes de los grupos musculares que están tensos en sus cuerpos. PMR puede ayudarlo a concentrarse en diferentes grupos de músculos y relajar las áreas donde se siente tenso. Tal como sugiere el nombre, la relajación muscular progresiva implica un análisis paso a paso de los grupos de músculos. Por tanto, la cuestión clave es pasar de un grupo de músculos específico a la vez. Primero, siente la tensión en ese músculo y luego la suelta. Esto se hace desde la cabeza a los pies, escaneando todo su cuerpo. Con la técnica PMR aprenderás a reconocer grupos musculares específicos y a diferenciar entre sensaciones tensas y sensaciones de relajación profunda.

Puede practicar PMR sentado en una silla o acostado.

Los grupos de músculos particulares se tensan durante 5-7 segundos, se relajan y luego se relajan durante 20-30 segundos.

El período de tiempo puede variar, no tiene que cumplir estrictamente con el tiempo mencionado aquí.

Sin embargo, se recomienda encarecidamente que se ciña al tiempo indicado cuando esté practicando la PMR durante los primeros días. Esta práctica debe repetirse al menos dos veces al día. Por supuesto, algunos músculos son más difíciles de relajar. Cuando esto suceda, concéntrese en ese músculo en particular tensándolo y soltándolo unas cinco veces.

Es posible que se distraiga durante los primeros intentos. Una vez que haya memorizado los pasos que se deben seguir, podrá cerrar los ojos fácilmente y concentrarse en un grupo de músculos a la vez.

Para ayudarlo a comprender mejor la práctica, las instrucciones de relajación muscular progresiva se dividen en dos partes. La primera sección presenta el procedimiento básico. Puede memorizar esta sección y recuperarla mientras practica PMR.

Esto le facilita familiarizarse con los diferentes grupos de músculos de su cuerpo. Haga pausas frecuentes cuando sea necesario.

. . .

La segunda sección es más corta que la primera ya que se enfoca en tensar y relajar varios grupos de músculos a la vez. Esto significa que dedicará menos tiempo a la práctica de relajación.

Niveles de tensión

Hay tres niveles de tensión que puede incorporar en su práctica de PMR. Una vez que esté familiarizado con las formas de tensar, puede conformarse con la que más le sirva.

Tensado activo

Esencialmente, este nivel de tensión implica el simple proceso de relajar activamente un grupo de músculos específico a la vez.

Debe tensar estos grupos de músculos lo más fuerte que pueda sin lastimarse. Mientras hace esto, preste atención a las sensaciones resultantes después de tensar los músculos, luego relaje esa parte del músculo y examine cómo se siente durante la fase de tensión, se recomienda respirar diafragmáticamente.

Tensar los grupos de músculos lo más fuerte que pueda ayudar a aumentar su conciencia sobre las áreas de su cuerpo donde a menudo tiene tensión crónica. Las personas sin antecedentes de lesiones deben utilizar esta forma de tensado. Imagínese cargando una caja pesada durante un período prolongado. ¿Cómo te sientes cuando dejas caer esta caja? Te sentirás bien y relajado, ¿verdad? Así es como te hace sentir la tensión activa.

Tensado de umbral

La tensión de umbral es similar a la tensión activa, pero diferente en el sentido de que solo debe tensar los músculos ligeramente. Esta forma de tensado es ideal para áreas que están muy tensas o lesionadas.

Es eficaz una vez que se tiene una idea de cómo funciona la forma básica de tensión activa. Si tiene antecedentes de lesiones o dolor crónico, se recomienda encarecidamente tensar el umbral.

Tensado pasivo

La tensión pasiva es donde simplemente nota tensión en grupos específicos de músculos. En lugar de tensar los grupos de músculos como se recomienda en la tensión activa o de umbral, aquí solo notará las áreas de su cuerpo que están tensas. Este tipo de tensión se usa mejor cuando no siente ninguna tensión en su cuerpo. Sin embargo, todas estas formas de tensión son útiles para ayudarlo a lograr un estado de relajación más profundo.

. . .

Procedimiento básico

Encuentre una posición cómoda para asumir. Puede sentarse o acostarse siempre que se sienta cómodo. Elija una habitación tranquila donde no lo interrumpirán.

Haga un esfuerzo deliberado por concentrarse en su cuerpo. Tu mente puede empezar a dudar. Observe que esto está sucediendo, pero vuelva suavemente su mente a su objeto de enfoque, los músculos que está tensando.

Respirar diafragmáticamente a través de su abdomen.

Haga una pausa y contenga la respiración durante 5 segundos. Ahora exhale lentamente a través de sus labios fruncidos. Mientras inhala y exhala, observe el movimiento de su pecho y su estómago. Esto ayuda a su mente a mantenerse enfocada y en el momento presente.

Mientras exhala, imagine que la tensión se libera de su cuerpo.

. . .

Por cada respiración que toma, respira un poco de aire fresco que relaja los músculos tensos de su cuerpo.

Inhala ... y exhala. Sienta cómo su cuerpo ya se relaja.

A partir de este momento, recuerda seguir respirando y dejar que tu cuerpo se relaje completamente.

Ahora comencemos.

Empiece por tensar los músculos de la frente. Para hacer esto, levante las cejas lo más alto que pueda. No te esfuerces demasiado. Solo haz un esfuerzo adicional para levantar las cejas. Mantén las cejas en esa posición durante cinco segundos. Libérelos abruptamente mientras se permite sentir que la tensión cae.

Haga una pausa de aproximadamente 10 segundos.

Ahora tense la boca y las mejillas sonriendo ampliamente. Mantenga durante 5 segundos aproximadamente y suelte. Reconoce cómo tu rostro se siente suave.

Haga una pausa de aproximadamente 10 segundos.

. . .

Después de eso, pasa a tensar los músculos de los ojos. Cierra los párpados lo más fuerte que puedas.

Mantenga durante aproximadamente 5 segundos y suelte.

Haga una pausa de aproximadamente 10 segundos.

Tire lentamente de la cabeza para mirar hacia arriba como si estuviera mirando al techo. Mantenga esta posición durante unos 5 segundos y luego suelte. Sienta cómo la tensión desaparece de los músculos del cuello.

Haga una pausa de aproximadamente 10 segundos.

Tómese un momento para apreciar la sensación de relajación de su cabeza y cuello.

Respire profundamente ... y exhale. Inhala de nuevo y exhala.

Deja ir todo el estrés y la ansiedad que puedas estar sintiendo. Inhala y exhala.

. . .

Continúe apretando los puños con fuerza sin luchar demasiado. Mantenga durante aproximadamente 5 segundos.

Hacer que cuente. Libérese.

Haga una pausa de aproximadamente 10 segundos.

Es hora de flexionar los bíceps. Flexione firmemente sus bíceps mientras siente que la tensión se acumula alrededor de este músculo. Visualice cómo se contraen sus bíceps. Mantenga esta posición durante unos 5 segundos. Libérese.

Respire profundamente y exhale.

A continuación, apriete los músculos tríceps. Extienda los brazos y junte los codos con fuerza. Mantenga esta posición durante unos 5 segundos. Libérese.

Haga una pausa larga y profunda de unos 10 segundos.

Relájese.

. . .

Levante los hombros en alto como si pudieran tocar sus oídos. Mantenga la posición durante unos 5 segundos.

Liberación. Siente la pesadez de tus hombros mientras caen de nuevo a su posición original.

Haga una pausa larga y profunda de unos 10 segundos.

Relájese.

Ahora, tense la parte superior de la espalda. Tire de los hombros hacia atrás como si estuviera tratando de tocar los omóplatos. Mantenga esa posición durante unos 5 segundos. Relajarse.

Haga una pausa larga y profunda de unos 10 segundos.

Relájese.

Tensa tu pecho. Respire hondo ... Haga una pausa de 5 segundos. Exhalar. Deja ir toda la tensión en esta área.

· · ·

Muévase suavemente hacia la parte inferior de su cuerpo y apriete los músculos del estómago. Aspírelos.

Mantenga esta posición durante unos 5 segundos.

Relájese.

Haga una pausa larga y profunda de unos 10 segundos.

Relájese.

Arquea lentamente la zona lumbar. Mantenga esta posición durante unos 5 segundos. Liberación.

Haga una pausa larga y profunda de unos 10 segundos.

Relájese.

Haga una pausa por un momento para apreciar la flacidez de la parte superior de su cuerpo. Deja ir toda la tensión y el estrés de tu interior.

. . .

A continuación, apriete los glúteos. Mantenga esta posición durante 5 segundos. Relajarse.

Haga una pausa larga y profunda de unos 10 segundos.

Relájese.

Ahora, tense los muslos presionando las rodillas juntas.

Imagínese sosteniendo un centavo entre sus rodillas.

Mantenga esta posición durante 5 segundos. Relájese.

Haga una pausa larga y profunda de unos 10 segundos.

Tense los pies doblando los dedos de los pies. Mantenga esta posición durante unos 5 segundos. Relajarse.

Haga una pausa larga y profunda de unos 10 segundos.

Relájese.

. . .

Realice un escaneo corporal rápido mientras reconoce la ola de relajación en todo su cuerpo de la cabeza a los pies. Sienta la ligereza dentro de usted.

Inhala ... pausa ... exhala.

Inhala ... pausa ... exhala.

Técnica PMR más corta

Una vez que haya dominado la técnica PMR, puede relajar los músculos rápidamente sin tener que pasar necesariamente por todos los procedimientos básicos.

Esto se logra tensando varios grupos de músculos a la vez y relajándolos. Es importante que recuerde comparar cómo se sienten sus músculos cuando están tensos. y cuando está relajado. Al distinguir entre músculos relajados y tensos, valorará la importancia de la relajación en su cuerpo.

Vamos a empezar. Doble los puños con fuerza y tense los antebrazos y bíceps. Mantenga esta posición durante unos 5 segundos. Relájese.

. . .

Tire de la cabeza hacia atrás como si estuviera mirando al techo. Gírelo en el sentido de las agujas del reloj para hacer un círculo completo. Realice el mismo proceso en sentido anti horario. Relájese.

Ahora tense los músculos de la cara. Sonríe ampliamente mientras sientes que tus mejillas se tensan, arruga la frente y entrecierra los ojos mientras encorva tus hombros. Mantenga esta posición durante unos 5 segundos. Relájese.

Arquea los hombros hacia atrás para que los omóplatos se puedan unir. Respire profundamente en el pecho mientras contrae los músculos del estómago para contener la respiración. Mantenga durante unos 5 segundos. Relájese.

Doble los dedos de los pies, apriete los muslos, las pantorrillas y las nalgas. Mantenga esta posición durante 5 segundos. Relájese.

9

Guía de técnicas de visualización

LA VISUALIZACIÓN, también denominada imágenes guiadas, es una técnica de relajación que utiliza el poder de la imaginación para evocar emociones positivas. Esta técnica funciona de forma sencilla. Solo necesitas imaginarte en una escena relajada y vivir el momento. Puede parecer demasiado simple o demasiado tonto, pero tenga la seguridad de que funciona.

La idea básica detrás de la visualización implica la noción de crear una imagen mental detallada de un entorno tranquilo y relajante.

Esta técnica de relajación se puede practicar por sí sola, pero también la puedes incorporar junto con las prácticas de relajación física que hemos comentado en este manual, como la relajación muscular progresiva.

· · ·

¿Por qué funciona la visualización?

Quizás se pregunte si la visualización realmente puede ayudarlo a aliviar el estrés y la ansiedad. Las imágenes guiadas lo ayudarán a relajarse debido a varias razones.

Esta técnica implica un elemento crucial de distracción que redirige su atención lejos de algo que podría estresarlo y dirige su atención hacia otra cosa. Considere la visualización como una instrucción no verbal para la mente y el cuerpo inconscientes para actuar como si estuviera en un estado relajado y tranquilo.

La visualización también funciona al traer buenos recuerdos de relajación que evocarán sensaciones agradables, que eventualmente lo ayudarán a relajarse.

Al igual que otras formas de meditación guiada, el objetivo de la visualización es para ayudarlo a aprender a desconectarse de la fijación momento a momento, lo que a menudo contribuye a aumentar los niveles de estrés y ansiedad. En cambio, aprende a desapegarse de los pensamientos y sentimientos y simplemente los nota fluyendo por su mente y cuerpo. Practicar la visualización garantiza que mejorará su forma de responder a situaciones estresantes.

. . .

Aquí hay una breve práctica que puede intentar para tener una idea de cómo funciona la técnica de visualización.

Piense en un alimento que le guste comer. Realmente, deténgase un momento y piense en ello. Recuerda la imagen. Cierra los ojos e imagina la comida en la que pensaste frente a ti. Observe lo increíble que se ve la comida. Imagina su aroma y sabor. Imagínese en el momento presente teniendo la comida en la que está pensando.

Después del breve ejercicio, si tenía algo de hambre, entonces debe haber empezado a sentir punzadas de hambre. Quizás se le haga la boca agua al pensar en la comida. Este ejemplo debería mostrarle la fuerte conexión que sus pensamientos tienen con su cuerpo. La visualización aprovecha este fenómeno para cambiar cómo te sientes.

Otro ejemplo que puede ayudarlo a comprender cómo funciona realmente la visualización es el efecto que las películas pueden tener en su estado emocional. ¿Alguna vez te has sentido deprimido después de ver una película desgarradora? Quizás la película incluso te dejó llorando. Así es como sus pensamientos pueden influir en su estado de ánimo. Al dominar el poder de la visualización, puede utilizarlo en su beneficio para influir en su estado emocional como desee.

· · ·

Técnicas de visualización para reducir la ansiedad y el estrés

Las siguientes técnicas de visualización deberían ayudarlo a manejar su estrés y ansiedad. Se recomienda encarecidamente que utilice estas técnicas en un momento específico reservado para visualizar todos los días.

Una visualización creativa de un resultado favorable

Este tipo de visualización implica la idea de crear un resultado particular que desea de una determinada situación. Esta técnica se utiliza mejor cuando está ante una situación estresante. En este caso, debe imaginarse a sí mismo en un momento en el que haya resuelto el problema que podría estar enfrentando.

Cómo hacerlo

Busque un lugar tranquilo donde pueda ponerse cómodo. Cierre suavemente los ojos y respire profundamente. Dirija su atención al problema que lo está estresando. Tal vez las finanzas hayan sido un problema y tu mente no se haya calmado como resultado.

· · ·

Puede ser que su matrimonio no esté bien y lo haya estado estresando. No se asocie con el problema estresante que pueda estar experimentando. La cuestión clave es visualizar el problema para que pueda visualizar el otro lado del escenario estresante.

Ahora, con el problema en mente, imagínese sintiéndose bien después de haber resuelto el problema que estaba enfrentando. Imagínese sintiéndose en paz. tranquilo y feliz de que el problema haya sido totalmente resuelto. No se preocupe por cómo se resolvió el asunto. La visualización no se centra en las soluciones. Más bien, crea una imagen opuesta al sentimiento negativo que puede estar experimentando. La visualización lleva tu mente a una hermosa vida llena de alegría, felicidad y tranquilidad.

Es fundamental que visualice cada pequeño detalle relacionado con el problema que desea resolver. ¿Cómo es tu entorno inmediato? ¿Qué llevas puesto? ¿Con quién te estás comunicando? Permanezca en la habitación visualizada y observe cualquier cosa tangible.

¿Qué ves? Estos elementos tangibles son útiles ya que fortalecen su visualización.

La mayoría de las personas que han utilizado con éxito la visualización para manejar el estrés están de acuerdo en que este ejercicio es eficaz ya que aporta soluciones a la vanguardia. ¿Cómo sucedió esto? En el proceso de la visualización de que su problema ha sido resuelto, es probable que se le ocurran soluciones prácticas a su problema. La ventaja que se obtiene aquí es que esto reduce o elimina la probabilidad de sentirse estresado.

Visualización como desviación del estrés

Esta técnica de visualización se puede utilizar cuando se sienta extremadamente estresado. La idea básica detrás de esta técnica es imaginar una escena pacífica como un medio de alivio momentáneo. La escena aquí puede ser algo que desees fuertemente. Visualiza estar en una playa desierta que siempre te has imaginado visitando o jugando con un gatito. Visualiza cualquier cosa que te relaje y te haga feliz, y vive ese momento.

Cómo hacerlo

Póngase cómodo en un entorno tranquilo. Vacía tu mente y respira profundamente unas cuantas veces.

Ahora crea una imagen de algo que te haga sentir tranquilo, relajado y feliz.

. . .

Nuevamente, visualice todos los pequeños detalles relacionados con el escenario de relajación que tiene en mente. Si estás pensando en un lugar, ¿qué hora es? ¿Es de noche o de día? ¿Notas que el sol brilla sobre un cuerpo de agua junto a ti? ¿Cuáles son algunos de los sonidos que escuchas? ¿De qué habla la gente en este hermoso lugar?

Si estás pensando en jugar con tu adorable mascota, ¿de qué color es? ¿Eso tiene un nombre? ¿Qué juego estás jugando con la mascota?

Cuanto más detallada sea la visualización, mejor funcionará la técnica. Aleja su atención del desorden mental que contribuyó a aumentar el estrés y la ansiedad. Esta forma de visualización se usa mejor cuando aumenta el estrés o cuando siente que está demasiado ansioso. Se necesita práctica para que le resulte fácil visitar virtualmente ese hermoso lugar en su mente donde puede relajarse. Lo bueno de este ejercicio de visualización es que se puede practicar en cualquier momento del día. Independientemente, tiene mucho sentido que dedique algo de tiempo a utilizar esta técnica para relajar y calmar su mente. Recuerde, es al lograr un estado mental pacífico que podrá ver aumentar su productividad y sentirse bien consigo mismo y la vida que vive.

Visualización con respiración profunda

. . .

La respiración profunda es una técnica de relajación poderosa que exploramos en el capítulo del tema. La combinación de esta técnica con la visualización promete resultados excepcionales. Cuando estas técnicas funcionan juntas, tanto la mente como el cuerpo llegan a un estado de relajación más profundo.

Cómo hacerlo

Se recomienda que se recueste para practicar esta técnica. Empiece por inhalar y exhalar profundamente.

Use su respiración como su objeto de enfoque. Escuche a su cuerpo mientras respira aire fresco en su cuerpo.

Sienta el calor del aire mientras escapa por sus fosas nasales liberando la tensión desde adentro.

A continuación, tome conciencia de su cuerpo.

Observa tu cuerpo acostado y la postura que asumiste.

Sienta el contacto entre su cuerpo y el suelo. Escanea tu cuerpo desde la parte superior de tu cabeza hasta los dedos de los pies. Presta atención a todas las sensaciones que van y vienen a medida que exploras tu cuerpo.

Ahora visualice todo tipo de estrés que sale de su sistema en forma de ondas a través de cada respiración.

Amplíe su visualización. ¿Cómo se ven estas ondas?

¿Están coloreados? Si es así, ¿de qué color son? ¿Qué parte del cuerpo está descargando más oleadas de estrés?

Al igual que otras formas de visualización, cuanto más detalladas sean sus imágenes, más eficaz será su práctica. Esta es una buena oportunidad para que aproveches tu creatividad y crees un mundo pacífico en tu mente donde puedas relajarte y calmar tu mente.

Visualización de memoria feliz

No se puede negar el hecho de que los recuerdos felices tienen un efecto notable en nuestro estado emocional.

Visualizarse siendo feliz en un momento determinado es algo distinto de las visualizaciones de cosas físicas como el dinero o la casa de sus sueños. Este tipo de visualización es muy eficaz ya que manifiesta verdadera felicidad en tu vida. La mejor parte es que una vez que aprendas a llevar tu mente a estos hermosos momentos, también podrás hacer lo mismo en situaciones estresantes.

Cuando no se sienta satisfecho con sus circunstancias o consigo mismo, puede cambiar su mente a recuerdos felices que lo llenan de alegría y risa. Los sentimientos felices siempre serán una herramienta útil para ayudarlo a vivir una vida plena, ya que estas emociones fortalecen el poder de sus pensamientos. Cualquier sentimiento negativo que pueda haber estado escondido en su mente subconsciente será automáticamente eliminado. Este vacío se llenará de pensamientos positivos y productivos que pueden llevarlo a vivir una vida mejor.

Cómo hacerlo

Empiece por tener un objetivo específico en mente.

¿Qué quieres lograr con esta visualización? Por supuesto, quieres imaginarte feliz.

Seleccione una imagen que sea personal para usted y le traiga recuerdos felices a su vida. No se apresure a elegir una imagen. Tómate unos minutos para escuchar tus pensamientos mientras eliges un recuerdo de algo que te haga verdaderamente feliz. Todos tenemos ese momento con el que podemos relacionarnos. Una época en la que estábamos verdaderamente felices.

Elija ese recuerdo y utilícelo para esta visualización.

Una cosa que debes recordar de los capítulos anteriores es que practicar ejercicios de relajación diario es la mejor manera de asegurarse de dominar estas técnicas.

Asimismo, programe su tiempo para practicar el autocuidado a través de la visualización.

Con el tiempo, su visualización ganará más claridad y comenzará a ver manifestaciones en su vida.

Vamos a empezar.

Inhala y exhala profundamente. Relájate y despeja tu mente. Preste atención a su respiración, ya que ayuda a despejar la confusión mental que le impide relajarse.

Ahora trae tu feliz recuerdo a la vista. ¿Qué vestías cuando ocurrió esta memorable ocasión? ¿Con quién estabas? ¿Qué se puso tu amigo o pareja para la ocasión? ¿Qué color de ropa usaste? Incluya todos los detalles finos para fortalecer su visualización.

. . .

Puede que no recuerde todos los detalles, pero asegúrese de llenar estos vacíos con cualquier cosa que se le ocurra. Lo importante es tener una imagen clara de este recuerdo.

Visualiza todo en tu feliz recuerdo a través de tus cinco sentidos. Piense en lo que puede tocar, ver, oír, oler o incluso saborear. Quizás tuviste una comida maravillosa ese día. Dirija su atención a todos los sentidos para fortalecer la imagen visualizada.

A continuación, adopte una perspectiva en tercera persona del feliz escenario. Reproduzca esta escena como si estuviera viendo una película. ¿Qué fue lo que hiciste? ¿Con quién estabas? ¿Qué dijeron o hicieron que te hicieran feliz? Tómese el tiempo suficiente para reproducir esta escena y recuperar los buenos sentimientos que sintió durante ese día. Todo está en tu cerebro.

Después de eso, eche un vistazo en primera persona a todo lo que sucedió. Se trata de ti y de cómo te sentiste.

Deja que los buenos sentimientos fluyan dentro de ti desde todos los rincones de tu cuerpo. Saborea el precioso momento y quédate allí unos minutos.

. . .

Continúe reproduciendo este feliz recuerdo mientras se permite disfrutar de la experiencia a través de los cinco sentidos. Estás feliz y en paz, ya que puedes recordar e identificarte claramente.

Ahora envuélvelo. Ha logrado su objetivo de visualización. Suelta suavemente la imagen y acércate al resto del día con la renovada sensación de felicidad que acabas de sentir.

Visualización por automotivación

El estrés puede afectar considerablemente su vida.

Puede extinguir rápidamente cualquier motivación que tenga para hacer las cosas que ama. Individuos que a menudo están estresados se sienten estancados. Por lo general, puede tener la sensación de que las cosas no están funcionando para usted y esto lo deja sin esperanza. En lugar de tomar medidas para cambiar tu vida, te rindes porque nada parece funcionar.

La visualización puede cambiar este sentimiento. El estrés y la ansiedad llenan tu mente de pensamientos destructivos. Dado que sus pensamientos están involucrados aquí, sus emociones pueden verse afectadas, tanto a corto como a largo plazo. La visualización para la automotivación puede ayudarlo a recuperar el control de sus pensamientos y convertir el pensamiento destructivo en pensamiento positivo.

Pregúntese, ¿qué cree que piensa la gente de éxito la mayor parte del tiempo? Obviamente. estas personas pasan la mayor parte de su tiempo pensando en cosas buenas. Se enfocan en lo que quieren. Ese es el objetivo de abordar la vida con optimismo. Necesita cambiar su enfoque de pensar en lo que no quiere y pensar más en lo que quiere.

Entonces, mientras usa esta técnica de visualización, sepa lo que quiere y déjelo claro en su mente. Por ejemplo, digamos que desea vivir en la casa de sus sueños en algún lugar del extranjero, digamos en Australia.

Imagínese haciendo todo lo posible que lo lleve a la casa de sus sueños. Refuerce su visualización completando todos los detalles sobre la casa de sus sueños en la ubicación que siempre ha deseado. Imagínese estableciéndose y haciendo nuevos amigos con los lugareños.

¿Cómo te sientes al conocer gente nueva? Imagina todos los sentimientos que experimentarás con tus cinco sentidos.

· · ·

Es a través de tal visualización que empujará su mente a crear ideas sobre cómo hacer realidad sus sueños. Al principio, puede parecer inverosímil. Pero la visualización no tiene nada que ver con saber cómo llegará allí.

Imagínese estando en ese momento y el universo seguirá su curso.

El truco más simple detrás de la visualización para la automotivación es pensar en lo que quieres.

Es importante que desarrolle el hábito de visualizar todos los días. Prográmese temprano en la mañana y tarde en la noche momentos antes de irse a la cama.

Una vez que el hábito se mantenga y la visualización sea una parte no negociable de su rutina diaria, le resultará más fácil mantenerse motivado durante todo el día. Las decisiones que toma todos los días juegan un papel crucial en la determinación de cómo resulta su vida. Por lo tanto, si se basa en su motivación para crear la vida que desea todos los días, no hay duda de que sus sueños eventualmente se harán realidad.

Las diferentes técnicas de visualización discutidas en este documento se pueden utilizar para diferentes situaciones.

. . .

Elija la mejor técnica que se adapte a sus circunstancias para obtener los mejores resultados. Por ejemplo, cuando se enfrenta a una situación estresante, visualizarse en un recuerdo feliz puede ayudar a distraer su mente de las emociones negativas.

Si está buscando motivarse mientras busca lograr sus objetivos, la visualización para la automotivación le servirá mejor. Lo más importante que debe recordar es hacer todo lo posible para reforzar su visualización agregando todos los pequeños detalles sobre su imagen mental. Incluya todo lo que toque sus cinco sentidos.

Lo más importante es visualizar todos los días.

10

Uso de las herramientas para mantener la calma

Tomando el control

Póngase cómodo en el suelo o en una silla. Cierre suavemente los ojos y concéntrese en su respiración.

Observe cada respiración que toma y el efecto que tiene en su cuerpo. Mientras exhala, imagine que la tensión abandona su cuerpo como ondas. Visualice estas ondas profundamente. ¿De qué color son estas ondas? ¿Qué parte de tu cuerpo está liberando más ondas?

Dirija su atención a una situación que lo esté haciendo sentir estresado. No te asocies con la situación estresante, solo date cuenta. Ahora visualice sentirse bien porque la situación ha sido resuelta. Imagínese sintiéndose agradecido por haber logrado encontrar una solución al problema. No se concentre en los detalles, simplemente disfrute de las buenas sensaciones que fluyen dentro de usted ahora que el problema está resuelto. Recuerde que puede manejar cualquier problema que pueda estar enfrentando y tenga confianza al respecto.

Puede ver lo fácil que es combinar dos o más técnicas de relajación. Ponte a prueba para combinar las técnicas que mejor funcionen para ti. Cuanto más practique estas técnicas, mejor lo hará.

Establezca sus metas y administre sabiamente su tiempo

Las técnicas de relajación discutidas en este manual son realmente efectivas y han sido probadas y probadas por personas de todo el mundo.

Independientemente de cuán efectivas sean estas técnicas, si no las incorpora a su apretada agenda diaria, es posible que no se beneficie de ellas. Aquí es donde entra en juego la cuestión del tiempo. Al igual que ir al gimnasio y hacer ejercicio con regularidad, la mayoría de las personas argumentarán que no tienen tiempo para practicar estos enfoques de relajación todos los días. Pero adivina qué, tienes tiempo. El único problema al que se enfrenta es que tiene una mala gestión del tiempo. Es por esta razón que le daré un breve consejo sobre cómo puede incluir estos ejercicios en su rutina diaria sin tener problemas.

. . .

Establecer metas claras

La gente exitosa tiene una cosa en común: tienen metas claras. Establecer metas claras le ayuda a priorizar las actividades. La idea de establecer metas no significa necesariamente que deba establecer metas a largo plazo. Puede tener minimitas que planea lograr antes del final del día. Estos mini objetivos pueden tener la forma de una lista de tareas pendientes. Su lista de tareas le ayudará a planificar su día de manera eficaz.

Estará en una mejor posición para atender las actividades más importantes antes de proceder a hacer otras cosas.

Si puede completar sus tareas a tiempo, tendrá mucho tiempo libre para otras actividades, como pasar tiempo con su familia y amigos. Los pocos minutos u horas que cree también se pueden utilizar para dedicarse al cuidado personal.

Gestión eficaz del tiempo

Con respecto a la administración eficaz del tiempo, las siguientes técnicas de administración del tiempo deberían ayudarlo.

· · ·

Come esa rana

Un reconocido psicólogo y filósofo argumentó una vez que, si puedes comer una rana viva por la mañana, probablemente pasarás el día con la satisfacción de que no puede suceder nada peor a lo largo del día. El término "rana" aquí se utiliza para referirse a su tarea más importante. Esta es la única tarea que podría postergar. Por lo tanto, es recomendable que realice esta tarea temprano en la mañana antes de hacer cualquier otra cosa. Esta técnica de administración del tiempo puede ayudarlo a priorizar las cosas más importantes que debe hacer. Por ejemplo, concentrarse en usted mismo debería ser lo primero que haga inmediatamente después de levantarse de la cama.

La técnica Pomodoro

Este es otro momento extraordinario de estrategia de gestión que lo alienta a usar el tiempo que tiene en lugar de trabajar en contra de él. La idea detrás de esta técnica es que debes dividir tu horario diario en porciones de 25 minutos (pomodoros) seguidas de descansos de cinco minutos. Una vez que complete cuatro pomodoros, debe tomar un descanso más largo de aproximadamente 15 a 20 minutos.

· · ·

La principal razón por la que esta estrategia es eficaz es que le infunde un sentido de urgencia. En lugar de asumir que tienes todo el día para trabajar en algo, entenderás que solo tienes 25 minutos para progresar. Esto evita que pierda su tiempo en distracciones. En última instancia, es más probable que tenga tiempo para practicar técnicas de relajación.

Di "No" y delega

La mayoría de las personas pasan sus días sintiéndose como si no tuvieran tiempo porque se presionan mucho al asumir tareas que no pueden manejar. Es hora de detener esto. Todos tenemos nuestros límites. No puede complacer a todos asumiendo tareas adicionales en su agenda ya abarrotada. Aprende a decir no." Esto es lo mejor que puede hacer para tener más tiempo para concentrarse en las técnicas. a ti mismo y practica la relajación.

Deberías darte cuenta de que no hay nada malo en admitir que no puedes manejar ciertas tareas.

Libérese de la presión y delegue estas tareas siempre que sea posible.

Desarrollar una adicción positiva

. . .

Es posible desarrollar una "adicción positiva" a sentirse bien, confiado y competente. Esto es algo que puede practicar con regularidad, ya que depende de la perspectiva que tenga sobre la vida. La adicción positiva que desarrolles te animará a organizarte de tal forma que completes primero las actividades más importantes.

Con el tiempo, se volverá adicto a los buenos sentimientos que evoca cuando realiza estas tareas. Para lograr esto, asegúrese de establecer metas pequeñas y realistas que sean alcanzables.

Conclusión

Esta guía ha cubierto todo lo que necesita saber sobre cómo manejar el estrés y la ansiedad a través de técnicas de relajación. Idealmente, si utiliza estas técnicas A con regularidad, estará en una mejor posición para vivir una vida feliz y plena. En este punto, es posible que se haya dado cuenta de que hay ciertas cosas que ha estado dando por sentadas y, sin embargo, pueden ayudarlo a superar el estrés y la ansiedad. Su respiración, por ejemplo, el arte de inhalar y exhalar es en sí mismo un remedio que puede aliviar la tensión en su cuerpo, mente y alma. Después de leer este libro, debe hacer un esfuerzo deliberado por respirar con atención, ya que esto puede ayudar a calmar su mente y regresar al momento presente.

Desafortunadamente, hay casos en los que es posible que se salte estas técnicas de relajación.

El entorno acelerado en el que vivimos puede evitar que te concentres en ti mismo. Hay muchas cosas que requieren su atención y no puede negar el hecho de que las cosas pueden ponerse difíciles.

Sin embargo, es importante que recuerde la razón principal por la que está practicando estos ejercicios de relajación. Por ejemplo, desea vivir una vida feliz en la que se acerque cada día con un renovado sentido de optimismo. Tal vez esté buscando motivación para enfrentar sus desafíos cotidianos. La vida tal como la conocemos está llena de altibajos. Por esa razón, necesita algo que pueda recordarle su propósito de existencia. En realidad, conectarse con su ser interior es la mejor manera de comprender verdaderamente quién es usted y cuál es su propósito en este mundo. A través de su comprensión interior, puede comenzar a mirar la vida desde una perspectiva diferente. Entenderás que es verdad que la felicidad no proviene del mundo exterior ni de las cosas materiales que tienes. La verdadera felicidad viene de adentro.

De manera concluyente, confronte sus excusas. Algunas de las excusas que te darás para evitar practicar estos ejercicios de relajación con regularidad son las mismas que podrían haberte llevado a la situación en la que te encuentras hoy. Quizás seas víctima de la procrastinación. Tal vez siempre pienses que el mejor momento para relajarse es cuando haya completado todas las tareas importantes de su horario. Esta estrategia no funciona ya que puede terminar postergando las cosas en caso de que surjan otros problemas. Haga un buen uso de las técnicas de gestión del tiempo que se indican en esta guía. Recuerde, si puede administrar bien su tiempo, administra bien su vida.

Conclusión

¡Buena suerte!

CPSIA information can be obtained
at www.ICGtesting.com
Printed in the USA
BVHW081533070521
606759BV00010B/1737

9 781646 944187